芳村弘道
Hiromichi Yoshimura
西川照子
Teruko Nishikawa
津崎 史
Fumi Tsuzaki

対談

私の白川静

対談
私の白川静

・各章扉に添えた「文字」は、甲骨文（卜文）・金文より採った。第一章「歌」は、原初の形の「可」を頂いた。これは甲骨文。第二章「笑」は、竹冠の下の「夭（よう）」を甲骨文より頂いた。第三章の「神」は金文、第五章「遊」も金文。序章には「喜」の甲骨文、終章には「顔」の金文を頂いた。
・一一二、一一三頁下段の文字も甲骨文・金文より採った。甲骨文には◉を、金文には◎の印を付けた。

目次

注作成　西川照子

「神田《かんだ》」の緑、空の青に飛行機雲が——先生の奇跡。

この本は白川静先生のお写真を多く掲載するという編集方針である。その中に西川照子さん秘蔵のものがあるというので、それを見るのを楽しみにしている。

しかし、かつて先生は御自分の写真を著書に載せるのをあまり好まれなかった。記念論集にはその方の写真を冒頭に飾るのが通常であるのに、『立命館文学』一九八一年七月の『白川博士古稀記念中国文史論叢』にないのは、その故である。

先生は晩年になって少し痩せられ、柔和な容貌になられたように思う。その頃から、講演、記念会あるいは中国旅行などで気軽に写真に応じて下さるようになった。意外にも茶目っ気を発揮される先生であったが、「チーズ」で笑顔の写真があったとしても、ピースサインを出して撮られたものはまずなかろう。

（芳村弘道）

序章

「白川静」の掌に乗る——遊べ、遊べ、遊べ

記念図書館」開館記念行事
後十年記念企画
静先生を語る会
10月15日（土） 13：30～15：00
照子氏（平凡社『白川静の世界』編者）
弘道 氏（白川静記念東洋文字研究所副所長）

写真提供：産経新聞社

白川静先生が亡くなってもう十年も経っている。もしご存命ならば百六歳。「百二十歳までは、普通に暮らしておったら大丈夫」。つまり「人の寿命は百二十歳」とおっしゃっていた先生は、九十六歳の秋の候（二〇〇六年十月三十日）、スーッとあちら側に行ってしまわれた。

現実の先生は消えた。しかし学者・思想家としての「白川静」の学問は生きて成長し続けている。白川文字学・白川万葉学・白川民俗学・白川神話学――もちろん古代中国文学者としての〝核〟は失われずに、人々に「白川学」は愛され続けている。特に「白川文字学」の人気は高い。しかしその「文字」を知るためには、私たちは本気で広大な「白川学」に立ち入らねばならない。そうでないと、折角の「白川文字学」が細ってゆく。その思想の根本に、〝神〟をおいて語られる「白川学」の幹は太い。その一枝が「白川文字学」である。「白川学」の総てに精通しなければ、「白川文字学」は解けない。

読めない。私たちは実は「白川学」の太い幹のひと枝（一端）しか見ていないのだ。いや、見ようとしても、その大きさ、広さ・深さに圧倒されてしまっている。

けれど私たちは、やはり「白川学」に立ち入りたいし、「白川文字学」の〝本物〟に出会いたい。

白川静の長女・津崎史《ふみ》さんは、そういう意味で「白川学」の案内人である。「白川静」という人の語り部である。史さんは「おとうちゃん」のことを語って下さる。「白川万葉学」を繙《ひもと》いて下さる。

また白川静と直接会った人たちはみな口を揃えて言う。「先生のお話はとても解りやすい」と（文章はやはりむつかしい。しかしそれを語る先生の言葉はやさしい）。

そこで、この対談では、まずは「話言葉」の、普段着の「白川静」について語る、ということになった。企画者は芳村弘道先生である。芳村先生は「白川静」の教え子であり、「白川静」がその人柄をとても愛した人である。

そう、この本のタイトルを『私の白川静』としたのは、各々の「私だけが知っている白川静を語る」ことを目的としているからである。だから「私の愛した白川静」と本当はしたかったのだが、白川先生が恥ずかしがるので、それは止めた。

対談については、殆ど打ち合わせらしきものをしなかった。「『万葉』から始めましょう」、というくらいであった。この対談の後に、史さんが作った歌のうちの――三首。

あらすじの有り無しなどはかかはりなく
話は途切れず父を語る会

緊張感なきまま始まる「語る会」父ゆゑ知
りあふ人らと鼎談

白川静を語る三人それぞれの立場のありて我は娘ぞ

三つの歌は、この対談の総てを物語っている。

みんな「白川静」が大好きである。この本は、そんな〝こころ〟から出発した。しかしこれだけ野放図に話をして、「白川静」は怒っていないだろうか。

先生は、笑って、「しょうもないことばかり喋りおる。勉強はしっかりしているのか」と高い所から声を放つ。

「先生、まだまだ喋り足りません。あのお話も、このお話も、活字にして残しておきたいのです」。

先生は、「仕方ないな。好きなようにせい」と、きっとおっしゃって下さることであろう。

誰も知らない白川静の「もう一つのものがたり」が、ここで語られた。
史さんの歌にあるように「あらすじの有り無しなどはかかはりなく」話は進み、「対談」はいつしか、司会進行の芳村先生をも巻き添えにして（いつも優等生の芳村先生も、少しハメをはずされた。こういうあたり、芳村先生は白川静に似ている）、史さんの歌にあるように「鼎談」となり、話はあちこちに飛んでいった。ただ、本に仕立てるに際して、少しお行儀よくしようと、「章立て」をした。箱を作った。「𠙵（サイ）」を作った。そしてそれに名を付けた。「歌」「笑」「神」「𠙵（サイ）」「遊」。みな白川先生の好きな「文字」である。

もう一つ、この本には魅力がある。先生のお顔の写真である。たくさん載せさせて頂いた。先生が語る「人体に関する文字」や、神話の人の説明に出てきた文字、「目の大きな人、夏《か》の人」「耳の大きな人、聖（人）」……という風に、身体の

「白川静」の書く「夏《か》」。先生は西夏の人を「なつ」の人と呼ぶ。白川静の〝手〟になる卜文。

特徴で部族や職掌を語られたのを思い出して、先生の身体の〝部分〟を拝借した。「手」や「掌」は、先生の「文字」と大いに関係する。その撮影の時も先生はやさしかった。

「老人の〝手〟など撮って……」と言いつつ、社の神宿る古木に手を当てて下さった。「掌」は、まるで「さあ、手を繋いで帰ろう」という風に写っている。

私たちはこの本で、先生の手に触れることが出来る。でも、史さんに言わせたら、「結局、白川静の掌の上で遊ばされているのよ、私たち。孫悟空よ」となるのであろう。

遊べ、遊べ、遊べ。

（西川照子）

第一章

歌

白川静が歌う——神への申し文

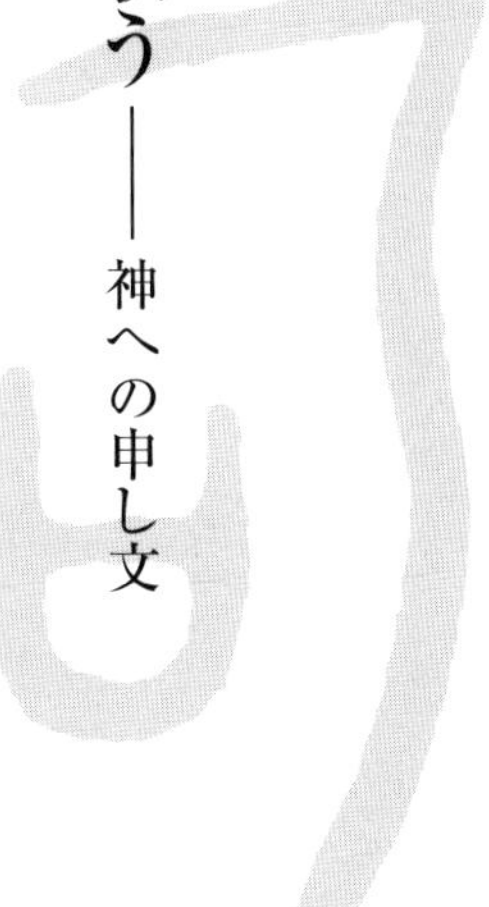

先生の机。本が押し寄せてくる。

机に向かう先生。ほんの少しの光。

「書庫」（先生は書斎を、こう呼んでいた）全景。

白川静と歌

——橘曙覧と與謝野晶子

芳村　まず二〇〇〇年一月にＮＨＫの特別番組で放送された「老いて遊心、　学を究めん——白川静の漢字の宇宙」のビデオを見て頂きました。ほんの一部分でしたが、白川先生の学問とともに先生のあまり知られていない日常が撮られているのと、晩年の生活が描かれていて、親しみやすい映像になっていると思います。

先生の経歴については、御自身が書かれた『私の履歴書』があります。これは一九九九年末の「日本経済新聞」に連載されたものですが、後に『回思九十年』（平凡社　二〇〇〇年）に収められておりますので、ぜひお読み頂ければと存じます。

このビデオの中で、白川先生は「歌」という字について説明されています。文字についての話は後にまた改めて申し上げたいと思います。また『履歴書』で『万葉集』のご研究に入られた理由を詳しく語られていますが、その中で、『万葉集』と中国古代の歌謡『詩経』（注1）について「絶対年代は千数百年以上も違うけれど、社会史的な段階では対応する」とおっしゃっていて、『万葉』を理解するために『詩経』を読んだ、その中で「東洋の回復」の必要性を感じたとおっしゃっています。「東洋」というのは先生の学問の大きさを語る言葉だと思いますが、まずは、白川先生の『万葉集』についてのご興味からお話を始めて頂きたいと存じます。

史《ふみ》さんはお父さまの『万葉集』についてどんな話を聞かれておられますでしょうか。

津崎　『万葉集』は、父の故郷の福井に橘曙覧《たちばなのあけみ》（注2）という国文学者で歌人がおりまして、父は『万葉』以前にこの橘曙覧の歌に馴染んでいたようです。曙覧は幕末の歌人で、万葉調の歌を詠んだ人です。この曙覧の歌集の中に「たのし

注1　『詩経』　中国最古の詩集。三百五篇。「風」「雅」「頌《しょう》」の三部立。風は地域の民謡、「雅」は「大雅」と「小雅」に分かれ、「大雅」は国家に関する歌謡、「小雅」は一般貴族社会の歌謡。「頌」は三つの中で一番古く、廟歌《びょうか》にあるので、その初めは葬送のために歌われたとも考えられる。楽師集団が伝承した。

孔子の時代はまだ音読、歌謡の時代で、書物としての『詩経』は出来上がってはいなかった。

みは」で始まり、「～時」で終わる「独楽吟《どくらくぎん》」という有名な一連の歌五十二首があるのですが、父はその「たのしみは」に魅かれて多く暗唱していました。その中に、

たのしみは　珍しき書《ふみ》　人にかり
始め一ひら　ひろげたる時

たのしみは　紙をひろげて　とる筆の
思ひの外に　能《よ》くかけし時

という歌があります。貴重な本、珍しい本を手にした時の喜びをいきいきと詠んでいます。若い頃、福井に一時帰省して、近くに住んでおられた佐々木文苑という方に、朱子の『詩集伝』を借りて写したという父の姿と重なってきます。後になっても、自分は貧しくて本が買えない。それで古本屋さん

注2　橘曙覧（一八一二～一八六八）　越前の国、福井石場町に生まれる。実家は紙商を営む旧家。幕末の国学者、歌人。歌は万葉調。国学者としては本居宣長の学を継いだ。尊皇思想を説き、王政復古を支持。永く途絶えていた北陸の国学を復興させた。「たのしみは」の歌は、主著『志濃夫廼舎《しのぶのや》歌集』に収められる。

で立ち読みして「これは一生に一度しか出会えない本であるから、今覚えてしまおう」っていうのと繋がります。また、自分では筆で字を書くのが苦手だと思っていましたので、「思ひの外に能くかけし時」の句には共感を覚えたのでしょう。

後、父が好んだ曙覧の「たのしみは」の歌に、

たのしみは　まれに魚《うお》烹《に》て　児等皆が
うましうまし　といひて食ふ時

たのしみは　世に解きがたく　する書の
心をひとり　さとり得し時

などがあります。「うましうまし」は、やはり貧乏だった時の自分と重ね合わせていますし、「心をひとり」は、「字書」を仕上げた時の喜びと非常に通ずるものがあったのだと思い

ます。『万葉集』へ興味を持ったのは、この橘曙覧の歌と出会って、その後だと思います。

「歌」の元の形は……

――「𠙵（サイ）」、神に歌う

芳村　史さんも歌人でいらっしゃいますね。

津崎　いえ、とうてい歌人というものではありません。私の歌を、父は「作文」と言っていました。でも「作文」って、もしかしたら父独特の賞《ほ》め言葉だったのかなあ、と今は思っています。「作文」だと言いながら、「娘がこんなん作ったんやけど、もらってもらえるか」と言って歌集を人にあげていましたから。

西川　私も頂きました（笑）。

津崎　後に詠んでいる父の歌も結構〝作文〟だったんです

（笑）。「菊池寛賞」を頂いた時に作った歌も、母が亡くなった時のも。作文と申しますのは、「連作」で「ものがたり」になっているんです。父は歌に「本音」を託していたと私は思っています。本音が表われるので歌は苦手だということも言っていました。

　父と歌との繋がりは、昭和八年、立命館の専門部へ入学して、小《こ》泉《いずみ》苳三《とうぞう》先生（注3）と出会った時からです。そして「ポトナム」に入会しました。小泉苳三先生は、大伴家持の「春愁三首」についての論で、印象に残る先生だったのです。

芳村　そう、先生は歌人でもいらっしゃった。それも二十代前半から同人誌に属して歌を発表しておられた。私は、菊池寛賞の時の連作に接して、初めて先生が歌をお作りになっていたことを知りました。

　西川さんは白川先生の歌についてはいかがですか。『万葉集』については何かお聞きおよびのことはございませんか。

注3　小泉苳三（一八九四～一九五七）　横浜市に生まれる。大正・昭和期の歌人。本名、藤造。立命館大学・関西学院大学で国文学の教授を勤める。歌人としては、「水甕《みずがめ》」（尾上柴舟主宰、大正三年〈一九一四〉創刊）の同人を経て、大正十一年（一九二二）、『ポトナム』を創刊・主宰。淡々とした平明な歌風が愛された。歌集以外に、『明治大正短歌資料大成』全三巻等の研究書がある。
　「ポトナム」は韓国語で「白楊（ポプラ）」の意。

西川　先生の「歌」というと、何よりも先程ビデオで述べられていた「ㅂ（サイ）」の話になります。「ㅂ（サイ）」が即ち「歌」です。「ㅂ（サイ）」については、後にということですので、その折にまたお話しさせて頂きますが、「白川静」という人は、話す相手に合わせて下さる、というか、私が民俗学を少しかじっているものですから、まず「歌」と言うと、やはり「ㅂ（サイ）」から始めて頂きました。神への申し文即ち願事《ねぎごと》を入れる器、「ㅂ（サイ）」。今まで、それは「口《くち》」とされてきました。それをくつがえした説ですが、その神への願い事を書いた手紙を入れる器から「歌」という字は生まれた、と語って頂きました。

民俗学というのは神と人との交通を語るものですので、先生の「文字」と重なります。その交通の手段としての「歌」とは、どういうものか、どういう風にして生まれたかをお話し頂きました。

『初期万葉論』
――柿本人麻呂は遊部

西川　『万葉』は、もちろん『初期万葉論』です。『初期万葉論』に限りませんが、先生の説はいつも〝驚き〟に満ちています。この本は一つに「柿本人麻呂論」でもあります。その人麻呂を介して、『詩経』も孔子も見えてくる。先生の『万葉』は『万葉』に留まらず、その周辺の民俗・伝説などとともに『万葉』をお話し下さいました。

　人麻呂が、遊部《あそびべ》（注4）ということは柳田國男・折口信夫を筆頭に多くの方が言われていることですが、先生はもう一歩踏み込んで、『万葉』は、まずは歌われていたと言う。そして『詩経』も同じく文字に書き留められる以前は、楽師集団が歌ったものと言い、また孔子を「葬送の徒」と言うでしょう。人麻呂の属した遊部も、葬送を司る呪的集団です。


注4　遊部　葬送を司った集団。本貫地は大和国高市郡。河内の野中や古市にも居住。主な仕事は、天皇・皇子等の死の儀式を荘厳に仕立てること。

　まず「殯宮（もがりのみや）」で、死者の魂があちら側にゆくまでの間、今までと同じ日常を仕立てること。まるで死者が生きているように、食事等、身の周りの世話をした。

　また、歌をうたい、舞をまって、死者の荒ぶる魂を鎮め、慰め、楽しませた。さらに、埴輪作り・漆の精製（漆作りの遊部は越前あたりに集住していたらしい）等の職能者であった。

　そして何より、中世の芸

葬送を、歌をうたって彩り、舞をまって賑やかにし、〝死〟を荘厳した。そのことが『詩経』や孔子から解かれてゆく。『万葉』を学ぶために研究した『詩経』や孔子が、今度は逆に『万葉』を説いてゆく。そこが先生のすごいところです。

津崎　父は自分の学問の出発点の一つである『初期万葉論』を書いた後、『後期万葉論』もどうしても書いておきたかったようです。「歌の本質」を問うために。『後期』はとてもむずかしいのです。ただ、小泉苳三先生とのご縁で、家持を含む『後期』をまとめておきたかった。そして小泉先生の生誕百年にあたる年、一九九四年に出版したかったのです。『字通』の原稿が出版社に収まり、校正を待つ間に出来ました。

西川　私はまた先生のことだから、「『初期』は書きたかった。ただ『初期』を書いたのなら、『後期』も書かねばならない」という想いで、執筆されたと思っていました（笑）。

先生は『初期万葉』について、よく語って下さいました。

能者の発生が、この古代の葬送儀礼を司る遊部にあったことの意義は大きい。

そして歌って下さるのです。それから『初期万葉』の歌はみな呪歌であるとおっしゃいました。

「『初期万葉』は殆ど呪歌であったと思う。単なる叙景とかね、或いは想いを述べるというようなものではなしにね、相手に対してもっと内的に働きかけるという、そういう意味合いを持った歌がいわゆる初期万葉であると。後期の万葉になるとよほど変わりますけどね、しかし初期の万葉歌は殆ど呪歌である」

（『呪の思想』二〇〇二年　平凡社）

と、『呪《じゅ》の思想』で『詩経』の「興」（注5）をご説明された時にもおっしゃっていました。

芳村　先生ご自身の歌についてはいかがでございますか。

西川　與謝野晶子がお好きだったんです。橘曙覧ももちろんお好きだったのですが、「歌」の話をされる時、必ず曙覧を挙げられるんですけど……なぜか晶子のことはあまり言わな

注5「興」　或る〝もの〟を歌うことによって、その〝もの〟が持っている内的な生命を呼び起こす、という意。「存在」を目覚めさせること。例えば土地の霊を呼び起こすこと。それが修辞法になって、『古今和歌集』の序では、「たとへ歌」と書かれる。

　この「興」に対して「賦《ふ》」は、一言で言うと「国ぼめの歌」即ち「土地ぼめ」の歌。もっと具体的に言うと、美しい山を見て、山の茂み、谷の様子、森の深さ美しさを、数え上げて歌ってゆく。それで『古今和歌集』では「かぞへ歌」と書かれた。

いんです。

芳村　確かに。私も與謝野晶子のことは全然聞いたことがありません。

西川　何でおっしゃらなかったのでしょう。十代の頃、晶子を知って、あの情熱をとても愛していました。ですので、先生の歌は淡々としているのだけど、深い情がある。哀しみがある。

芳村　十代の頃というと、先生の「大阪時代」の頃ですか。

西川　大阪の、後に政治家になられる広瀬徳蔵先生の法律事務所で書生をなさっていた時代に、広瀬先生の奥さまが購読されていた『スバル』（注6）を読んでいらっしゃったとお聞きしています。

史さん、『スバル』でよかった？　『明星』（注7）でしたか？

津崎　『明星』『スバル』と並べていうこともありますが。時代的には、復刊の『明星』でしょうか。

注6『スバル』『すばる』とも。文芸誌。明治四二年（一九〇九）一月から大正二年（一九一三）十二月。全六十冊。『明星』廃刊直後に創刊。同人に、北原白秋、木下杢太郎、吉井勇、石川啄木、高村光太郎等がいた。また森鷗外、與謝野寛（鉄幹）・晶子を指導者として迎え、さらに永井荷風、谷崎潤一郎の協力を得た。室生犀星、佐藤春夫等の新人発掘の場ともなった。
　自然主義に対抗し、理想主義・耽美主義に傾倒。「大正文学」の出発を促す文芸誌であった。

注7『明星』　文芸雑誌。與謝野鉄幹を主宰者として

芳村　と致しますと、十四、五歳の頃ですね？

西川　十四歳の時です。雑誌が届くのを楽しみに待っていて読んでいらっしゃったようです。

路次深く
――世情を詠う

芳村　最も多感な時期と申しますか。

西川　そうです。先生の歌に、こんな歌があります。

路次《ろじ》深く妻子患ふ職工の家と知りつつわれは差押ふ

芳村　先生が詠われた……。

西川　史さんから送って頂いた『白川静　若き日の歌』の一

明治三十三年（一九〇〇）四月に創刊。明治四十一年（一九〇八）十一月終刊。通算百号。浪漫主義を掲げる。高村光太郎、石川啄木、北原白秋等の新人を世に多く送り出した。

この雑誌から、上田敏の『海潮音』、啄木の『あこがれ』、白秋の『邪宗門』が生まれた。鉄幹の『紫』、晶子の『みだれ髪』等の代表的歌集もここより出でた。装幀・デザインは洋画家の藤島武二の手になる。「アール・ヌーボー」風の、当時としては画期的なデザインであった。

自然主義の台頭にあい、八年の〝時代〟を閉じる。大正十年（一九二一）復刊首ですが、私も驚きました。淡々と詠まれていますが、これって、言えば先生が「借金取り」のお使いをしていたということですよね。

津崎　『ポトナム』（『ポトナム集』Ⅱ）に寄せたものです。『ポトナム』は手許にないので、立命館大学の白川文庫で写させてもらいました。掲載は昭和十年十二月号ですが、京都の白畠正雄法律事務所にいた頃のことを思い出して詠んだものと思われます。

西川　昭和十年と言いますと、先生はその年に立命館中学の教師になり、生活も安定し、翌年ツル夫人と結婚した年ですよね。先生の私生活は幸福の絶頂……。

津崎　だからこそ、過去の「哀しみ」を振り返ったのでしょう。そして世情を詠ったのでしょう。法律事務所では、様々な経験をしたようです。世の中の裏側もたくさん見てきたと。

するも、その高踏さ故、かつての華々しさは取り戻せなかった。六年後に廃刊。

少額事件の委任多きは不景気のどん底に
人らあえぐなるべし（訴訟）

「路次深く」と同時期に詠った歌です。白畠先生やご家族の方はとても親切にして下さったけれど、仕事上では、言い知れぬ感情も持ったのだろうと思います。

西川　白畠法律事務所時代ですから、二十二歳の頃ですね。「法律事務所では何でもした。和文タイプも打っとった」と懐かしそうに話されたことが今も記憶に残っています……。その和文タイプを打つ所作を「こうやって」して下さるんです。アームを大きく時計回りにまわして、手前でトンと打つ──私、なぜかあの所作が忘れられないんです。私が喜ぶから、笑うから、もっとコンパクトな動作であったのでしょうが、ヨイショって感じで、右手をぐるーと大きく回されて「ガチャン」と打つ──「先生何でもやってたんだぁ」と、私が和文タイプの打ち方を初めて見たので、「すごいすごい」と言うと、何度もやって見せて下さるんです。サービス精神満載、やさしいんです、先生。私が笑うと、またやって下さる……。

ですから、史さんからこの歌が送られて来なかったら、私は、先生の京都での法律事務所時代の「哀しみ」「辛さ」を知ることはありませんでした。大体「負」の部分はお見せにならない先生でしたから。

そしてやさしいだけでなく、人と争わないおだやかなご性格――これも先生の歌にありました。

争ふを好まぬ性《しよう》の気弱さは卑怯に近しと友はいきほふ

決して「気弱」ではないのです。ただ「争う」ことは相手を傷付ける事にもなりかねないからしなかったのでしょう。立命の学園紛争の渦中では、争うことなく、しかし相手を常に威圧していました。相手は先生に最初から屈していました。ただ先生は学生を愛していた。『孔子伝』は戦い敗れた学生に向けて書かれました。

芳村　その歌は、いつ頃の。

津崎　先刻の歌と同じ頃。『ポトナム』での発表年は昭和十年九月号です。

気力無しと我を罵る友来り生き難き世相
を説きて帰れり

という歌を同時に発表していますから。また翌年には二・二六事件のことも歌にしています。父の言う「争い」とは、「個人のいさかい」ではなく、世情と絡んだものだと思います。

芳村　学者・思想家としての先生はよく存じ上げているつもりでしたが、こうやって先生の歌に接しますと、もう一人の「白川静」が見えてきますね。もちろん、そのもう一人の「白川静」もまた、あの大きな学問を作りだした「白川静」なのでしょうが。

先生の歌は改めてじっくり読まないといけませんね。

第二章

笑

白川静が笑う——親爺ギャグ

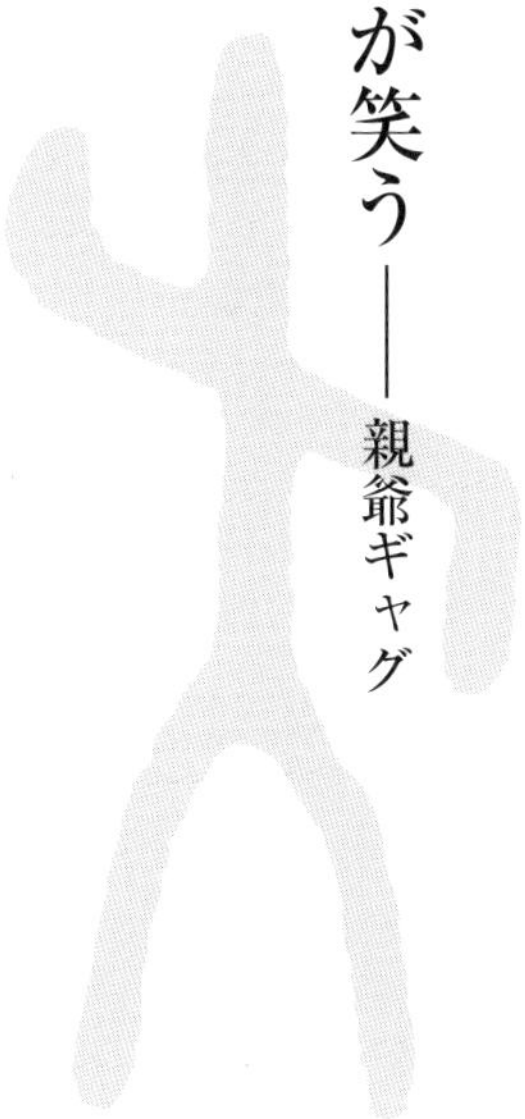

甲骨文のトレース。美しい。

神へ問うた卜占の文字。三千三百年前が甦る。

積まれたノートの背に「柳田　一」のラベル。

先生のノートの中から「文字」が生まれる。

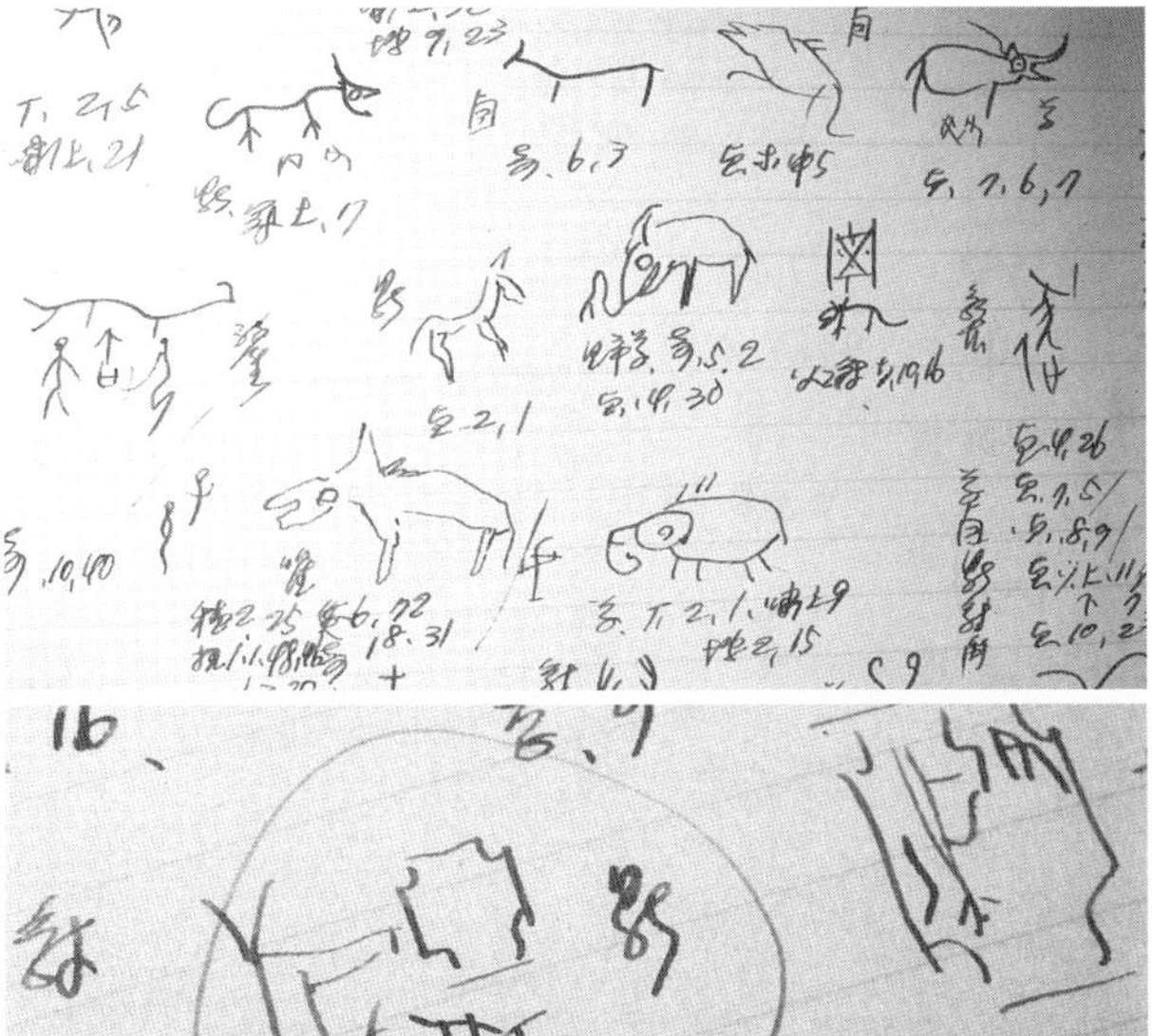

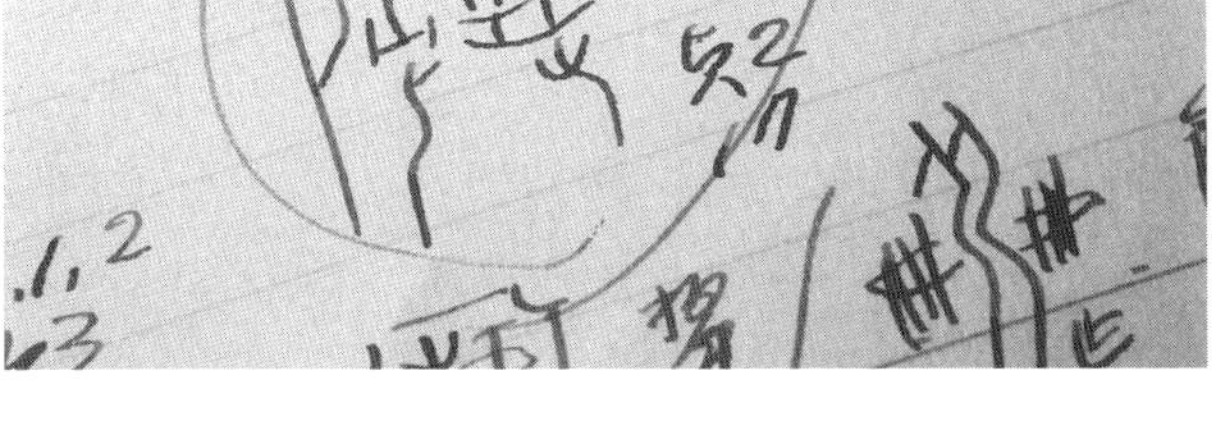

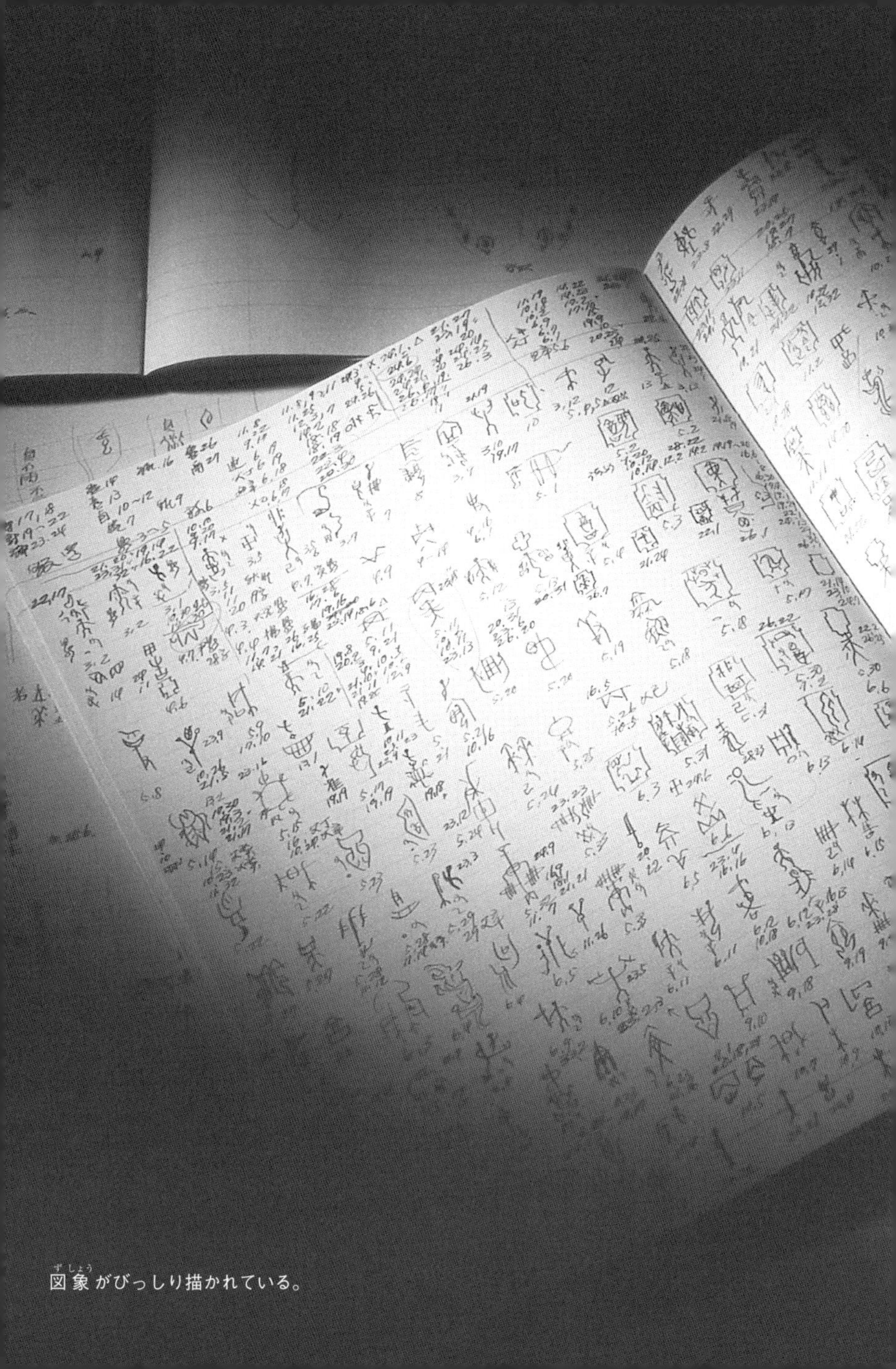

図象《ずしょう》がびっしり描かれている。

「スーツにネクタイのお話」

――普段着のお話

芳村　我々の研究会に「中国芸文研究会」という、先生に顧問を務めて頂いて出来ました研究会があるのですけども、先生には研究発表会や発行している学術誌の合評会にずっと来て頂きました。中国の詩の解釈においても、日本文学との対比を必ず欠かさないように、また、批評だけではなくて、「自分で作ってみる」ことも大事であり、作品の制作者の立場から文学を考えなければならない、と、よく教えて頂きました。

先ほど、「東洋」ということで、先生が『万葉』と『詩経』を比較研究されたと説明させて頂きましたが、「東洋」をより具体的に言うと、〝日本〟ではなかったかと、今考えてみると思われます。

結局は〝日本〟を日本人を、つまり〝自分〟を知るために、学問も創作活動もあったように、今までのお二方のお話をお聞きしておりまして感じました。

また、先生にはなかなか洒落た面があり、人を「笑わす」のがお好きでしたね。

西川　そう、いつも、ちょっと怒った感じで、「君はよう笑うが〝笑い〟というものは、神と人との間で行われるもの。そうむやみに笑うものではない」と真面目な顔でおっしゃるんです。すると余計に笑いが込みあげてきて……。恐い顔はされるのですが、本心では私が笑うととても喜んで下さった。先程の「和文タイプ」と同じ。

同時に冗談話の間に、私のようなタメ口でしゃべる、『詩経』の「し」の字も知らないような者にも、「なるほど！」と思わせるお話をみつくろって下さる。そのお話は本当に物語を聞いているように楽しいものでした。芳村先生にお話をされる時は、ネクタイを締めて、スーツをきちっと着た「お話」をされていたんだと思いますが、私の時は普段着。だから お話も普段着。その分、うんと得を致しました。先生の「スーツ姿の時のお話」は活字になります。しかし「普段着のお話」は、聞いた者にだけ残る。「普段着のお話」を活字になさったのは晩年の文章に、ほんの少しだけ。

十九歳の時に先生の授業を立命の大教室の後の後の方でお聞きして、先生の研究室にお邪魔し、卒業して、本を作るようになって、改めて「執筆依頼」で先生にお会いするようになりました。それ以来、大変親しくさせて頂き、一度も執筆依頼を断られたことはないんです。編集の仕事が絡まない時でも、電話一本で用もないのに「お会いしたい」と言ってお訪ねして、長時間、お話を頂きました。細い糸でしたが、先生とは何となくずーっと繋がっておりました。しかしそれだけでしたら、おそらく「仕事の邪魔をしに来る、よく笑う、最後の最後の生徒」で終わっていたと思います（笑）。

『別冊太陽　白川静の世界』
――週に一度の個人授業

西川　それが平凡社の下中美都さんから「西川さん、『別冊太陽』で『白川静』を作ってくれない」というお話があり、「ムリ、ムリ、ムリ」と最初お断りしていたのですが、「やってみたいなぁ」という気持ちも湧いて来ました。お断りしていた理由は、一つには「とても白川静の学問を理解することは出来ない、それをまとめることなど出来ない」、二つめは「今現在、生きて、まだまだ新しい発見をしている学者をビジュアルなムックに仕立てることなど出来ない」と思って、尻込みしていたのです。ただ、美都さんのあの一言、「この仕事は西川さんにしかできない」で、お引き受けしました。

その頃、私は梅原猛先生という方の助手のような仕事をしておりましたので、『別冊太陽』で『白川静』をやるのでしたら、梅原先生の仕事はお休みしなくてはならないと思い、その旨も含めて、白川先生にご相談申し上げました。先生はこうおっしゃいました。「それで君と梅原君の関係はまずくならないのか」と。本当にやさしいんです。私が仕事を失うことと、梅原先生の仕事を手伝わなかったら、梅原先生が困るんじゃないか、ということを気にされておっしゃった一言でした。

で、結局、『別冊太陽』を始めさせて頂いて、そこからです、一所懸命「白川学」を勉強したのは。毎週、桂のささやかな白川邸に通わせて頂き、個人授業を受けたのです。何と！贅沢な。一年間みっちり「白川静一筋」でした。美都さんのおかげです。

白川先生は、すべてを開放して下さいました。先生のお仕事の時間を取ることはもちろんですが、写真撮影に外へ連れ出し、先生の書き写したノートを持ち出し、それも「金文」

を書いていた時なので、いつも傍らにないといけない資料となるノートでした。いつも傍らに置いておかなければならない〝もの〟を一週間も外へ持ち出させて頂いたのです。

話が長くなりまして……すみません。よく「西川さんと白川先生ってどんな関係?」と聞かれるものですので。一度きちんとお話ししておこうと思いまして……。先生が立命館大学の教授であった頃の、広小路学舎での最後の授業を聞いた学生の一人です。そして「白川静の普段着のお話」を編集者という名を借りておそらく一番たくさん聞いた者と自慢させて下さい。

白川静と荒川静香
——洒落てしゃれて

芳村　先生は漫才とかお笑いにも興味があったとか。

西川　ええ。漫才師では平和ラッパ・日佐丸さん（注８）が好きでしたね。アホを演じるラッパさんが実は賢くて、「この人気は僕の人気」と言って、日佐丸さんとギャラを七・三で分けたとか、細かなことまでよくご存知で。あと松竹家庭劇もお好きで、また大村昆さん、佐々十郎さん（注９）あたりも観てらしたようです。

漫画もね、読んでいた。いつ、どこにそんな時間があったんだろうと思うくらい。大阪時代じゃないかと思うんですけど。相撲もゲームも好きだし、チンドン屋さんには見惚れて、ずーっと付いて歩いて行ったりしたらしいんです。

漫画で気になるのは、新聞に連載されていた四コマ漫画のファンだったようなのですが、それがアメリカの、と確かおっしゃっていたので、先生が一体どんな漫画を好んでいたのか調べたいと思いつつ、ついそのままになっています。何でもご存知でした。聖も俗も。

注8　平和ラッパ・日佐丸
平和ラッパ（二代目／一九〇九～一九七五）は、大阪堺市に生まれる。「アホ」を売り物にした最初の芸人。小柄でふっくらしていて、オカッパ頭で出っ歯。「先祖代々過去帳一切のアホ」をキャッチフレーズに売り出す。彼が舞台に登場するだけで笑いが起こった。相方の日佐丸は何度も替わった。最後の相方の日佐丸は五代目。代々問題になっていた「ギャラの折半」をめぐって不和となり、ついに解散。
二人の最後の落としの科白――日佐丸が「こんなん連れてやってますねん」とぼやくと、ラッパが「気ィ

芳村　私にはもちろん、西川さんの表現を借りるなら「スーツにネクタイ」というお話をお聞かせ下さったのだと思います。大学院の時に、授業を受けた後は、ご講演はもちろん、ご自宅にうかがった時でも「スーツにネクタイ」のお話が基本です。

晩年は冗談も結構おっしゃっていましたが。ご講演が終わった後、「先生、お飲物は何に致しましょう」とお聞きしますと、「コチャエー、コチャエー」と。つまり「紅茶えー、紅茶えー」（笑）。また、中国に旅行されて北京で唐本の『聖武記《しょうむき》』を買って帰られ、「ちょっとしょうむない本を買った」と笑って見せて下さいました。だいたいダジャレでしたが、聞いた方が笑うより、おっしゃったあとご自身で笑われるのが常でした。

よくよく考えますと、いろいろ面白いことがありました。「文字講話」でのご講演の時、「片足立ち」されているんです

遣いまっせェー、ハハー、しゃいならー」。

注9　佐々十郎（一九三〇～一九八六）　東京に生まれる。喜劇俳優。愛称・サヤン。新宿のムーランルージュを出発点に、「森川信一座」、「秋田実の宝塚新芸座」を経て、東宝に。そこで花登筐《はなとこばこ》作品の常連となる。その後、吉本新喜劇にも出演した。

大村昆とは名コンビで、CMにも出演（ダイハツミゼット）。俳優としても個性を発揮した。

ね。右足で立ったり、左足で立ったり、と交互に。あれは今から考えると〝運動〟されていたんですね。一時間半のご講義をうまくお使いになっていた。頭から上と申しますか、上半身ではご講義、両足ではストレッチですか（笑）。聴いている皆さんには見えませんから。

　イナバウアー（注10）のお話とかも史さんからお聞き致しましたが、私が学生時代の時からはとても考えられない楽しいお話でした。

津崎　「しらかわしずか」と「あらかわしずか」、「し」と「あ」と一字しか違わんのに、白川静は長いこと苦労したのに、荒川静香の演技時間は何分間。それで金メダル。一瞬にして有名になった。一字違いやがえらい違いやと言いつつ、荒川静香が金メダル獲ったテレビは「ライブ」で観てたって言うんです。夜中にですよ。それで散歩に行った時、畠や田んぼの隅でね、「イナバウアー」をやるんです。他人に見られたら

注10　イナバウアー　二〇〇六年、トリノオリンピック、フィギュアスケート・女子シングルで、荒川静香が「金メダル」を獲得した時、有名になった。ただ「イナバウアー」とは、一九五〇年代に活躍した旧西ドイツの女性フィギュアスケート選手・「イナ・バウアー」の開発した「足を前後に開き、爪先を百八十度開いて真横に滑る技」で、特別な技術要素ではなかった。それを荒川は、大きく身体を後方に反らし、「美しさ」を強調した。今、言う「イナバウアー」は、この荒川静香の独自の型である。羽生結弦・宇野昌磨なども、演技に流れをもたせる時、

どうしようと……一度だけ見られましたけど（笑）。「先生何したはるんですか」と近所の人に言われて、「うん、ちょっと背中を伸ばしていてね」などとごまかしていました。九十三（歳）ですよ。その頃、杖を持ってもらっていたんですけど、本人曰く、「こんなん持ったら年寄りみたいや」って。年寄りですよね、九十三って言ったら立派な年寄りですよ（笑）。それをね、「仕方ないか、転ばぬ先のなんとやらと言うから、持ちましょう」ってしぶしぶ持って出掛ける。それで杖は突かず「こうやって」振り回すんです。「ほら、あそこに……」とか、公園の遊具など、ものを指すのに杖を使う。で、「イナバウアー」を何度もするんです。恥ずかしいですよ（笑）。

西川　先生の背中よく曲がるんです。身体をぐっと反らす。私なんかよりよっぽど身体が柔らかい（笑）。
　大体、毎日ストレッチしてらしたでしょ、椅子を使って。

これを用いている。加点要素としては低いが、人気は高い。
　白川静は、その荒川静香のたおやかな演技を好んでいた。「ジャンプ」ばかりが注目される中、白川静は「美しい」ことの方が、上と言っていた。

肘掛けに両手を突いて、足を「こうやって」、真直ぐ伸ばすんです。すごい筋力でした。

芳村　なるほど「荒川静香」と「白川静」で、「イナバウアー」ですか。それで思い出しましたが、「白川静」というお名前が京大では結構物議をかもしたと先生からうかがいました。戦後、先生は「卜辞の本質」などの初期三篇の論文を続々と発表され、それらは京大の先生方の説に反論する内容でしたが、まだ先生の名前が知られていなかったので、京大の「人文科学研究所」（注11）がある白川（京都市左京区）に関連させたペンネームによる論文だと思われたそうです。

津崎　本名なのに（笑）。

西川　京大の「東洋学」では未だに「𠙵（サイ）」を認めていない方もいらっしゃいます。認めてしまうと、京大百年の東洋学の伝統が崩れると思っているのでしょう。

津崎　私はよく父の名前のせいで「そう、史さんとこは母子

注11「人文科学研究所」北清事変（一九〇〇）、即ち義和団の乱を鎮圧して得た莫大な賠償金をもとに設立された「東方文化学院京都研究所」（一九三八年四月、「東方文化研究所」と改称）に始まる。一九三〇年十一月、京都市左京区北白川小倉町に館（現在の分館）をスパニッシュ様式で建設（設計・東畑謙三）。初代所長は中国研究者・狩野直喜。
　一九四六年九月、旧ドイツ文化研究所（一九四五年に西洋文化研究所と改称）、旧人文科学研究所と合体して、「人文科学研究所」（新・人文研）となる。「新・人文研」は「日本部」・「東方部」・「西洋部」の三部門で

家庭なの」と聞かれました。保護者の名を書く欄に白川静と書くと「しらかわしず」と読まれ、女所帯と思われたんです。で、「いえいえ、それは父の名、母の名は『ツル』といいます」、と（笑）。

芳村　確か、先生のお母さまが「静」という一時名を付けられたとか。

津崎　どうしても一字名の子が欲しかったようです（笑）……本人も最終的には気に入っていたようですが。

構成。東方部の主任は貝塚茂樹、西洋部は桑原武夫。また東方部には平岡武夫、入矢義高がいた。

ここ（分館）に、膨大なト文即ち甲骨文が保管されている。考古学と東洋学の二者の保護下にある。

第三章

神

白川静が恋う——母恋し

先生のいつもの散歩コースの一つ。下桂・御霊神社で。

御霊神社の御祭神は 橘 逸勢《たちばなのはやなり》。

境内は、樹木の緑がしたたる。「空がきれいだね」と、先生。

母は守護神・妻も守護神

――神と一緒に

芳村　先生はお母さまのことを深く思っておられるところがございました。「自分にとって神というか守護神となるようなものがあるか」と、そのような話がある席で出たことがありましてね。その時に先生は「我が母である」とおっしゃって、私はたいへん感銘を受けたという思い出があります。

西川　それはいつ頃のお話ですか。

芳村　お亡くなりになる八年ほど前でしたか。

西川　そうですか。『別冊太陽』を編集していた折、ある女性との対談で、その話が出ました。そしたら先生、「あの部分、削っておいてくれ」っておっしゃるんです。「なぜ、どうして」とお聞きすると、「学者はそういうことは言わんもんじゃ」、と。でも、しっかり活字にさせて頂きました（笑）。もちろん許可は頂きましたよ。無理矢理ですけど。

芳村　先生のお母さまのお話は殆どお聞きしておりませんが、私などは先生のお母さまと奥さま・ツルさまが重なって見えました。

西川　奥さまはこころの大きな方でした。そう、〝母〟のような人でした。

芳村　先ほど、菊池寛賞を貰われた時の歌の話を致しましたが、その歌の中に、

菊池寛賞内定といふ電話ありお前どうすると妻にはかれる

一つぐらいあつてもと妻のいふなへに我もその気になりにけるかも

賞といふものの欲しきにあらざれど糟糠《そうこう》の妻に贈らむと思ふ

とありました。あと二首、奥さまを歌った歌があります。

津崎　全二十首のうちの五首が母への歌となっています。菊池寛賞が決まった時、歌人の友人が「なぜ？　君と菊池寛賞なの」と歌で質問してきました。それで、理由を歌で返したのです。

受賞の理由は「妻」にあると主張しているのでしょう。もちろん、菊池寛も好きな作家だったのですよ。

芳村　お母さまのことを先生は守護神と言われた。先生は奥さまのことも同じように思っていたのですね。

津崎　そうです。母の死の折にたくさんの歌を詠んでいます。そこに「母なる人」の想いが表われています。

芳村　『桂東雑記《けいとうざっき》』Ⅲに「卯月抄《うづきしょう》」と題して発表されていま

すね。

津崎　その中の二首をちょっと読みますね。

木の花の櫻咲く季《とき》に生まれ来て櫻咲く季にまた散りゆけり

衰へは眼にしるけれど戯《たはむ》れの言《こと》絶えざればよしと思へり

最初の歌は母が四月十三日生まれで、亡くなったのが四月六日。桜の季節に生まれ桜の季節に亡くなったという歌です。

二番目の歌は、母は闘病生活をしているのに、父と同じ様な冗談をいつも言うんです、「戯れ言」。戯れ言が聞けることの幸福を父は感じていたのだと思います。

母は亡くなる少し前、三月の末にヘルペスにかかり眼を悪

くしたので、入院先の病院から眼科のある病院に受診に行ったんです。そうしたら、もう桜が咲いていて、母は、

「今日はいい花見をさせて頂いた」

とニコニコ笑顔で言うんです。とても一週間後に亡くなる人の言葉じゃない。私たちを元気付けようと思ってのことかも知れません。しかしその言葉は、はっきりと耳に残っています。その時改めて母の大きさを感じました。

「いい花見をさせて頂いた」。

芳村　史さんに先生と奥さまとのお話を聞かせて頂いて、奥さまは亡くなって先生のお母さまと同じく、先生の守護神になられたということをはっきりと確信致しました。

津崎　ええ。父もそう思ったと思います。母は父の守護神です。で、面白いんですよ、いつも母はこう言っていました。「先に『あっち』へ行って、おとうちゃんが来たら一緒に住む家を探しておくから、安心して」と。そのことを父はやは

り「卯月抄」に書いております。

桂東の地に建て賣りの家見つけたりここ
に新たなる乾坤《けんこん》はあり

現《うつ》し世に住む家は君が定めたり華臺《けだい》の下《もと》
によき家求めよ

「『この世』の家も桂東の良き地に君が探してくれたが、『あの世』の家も、君が探してくれる。そこもきっといい家であろう、そこでしばし待っていてくれ」と。

意識絶えて今はの言《こと》は聞かざりしまた逢
はむ日に懇《ねんご》ろに言へ

『あの世』で待っていてほしい。そこでまたゆっくりと語り合いたいというこの一首で、「卯月抄」は閉じられています。本当に仲が良かった。二人の「赤い糸」を語るこんな歌もあります。

かねてより両家の母親《おや》が定めたる縁《えにし》とあらば宿世《すくぜ》なるべし

私が父の「卯月抄」で最も好きな歌は、

五十年を君は旅することもなし我れ留守居せん遊べ遊べ遊べ

という歌です。特に下の句は、ふとした折りに口をついて出てきます。「遊べ遊べ遊べ」は、長い間苦労をかけた母への感謝の言葉であろうと思うのです。

西川　奥さま、ツルさんは「白川静」の鶴女房《つるにょうぼう》でした。自らの美しい羽根を抜いて、コットンコットンと反物織って、生計を立てていた、というようなところがありました。「家の心配はしないで下さい。おとうちゃんは好きなことしてたらええんよ」とおっしゃっていたという、ほんとに大きな方でした。

鶴女房のツルさんがいなかったら、「白川静の学問」は、これだけ成長していなかったかもしれません。まさにツルさんは「白川静」の母でもあったと思います。

草摘みの呪術
――瞽史のごとく

西川　そして私から見れば、先生は〝神〟でした。というより先生の傍らにはいつも神がいた。神と一緒に先生はそこにいた。神と一緒に仕事をしていた。

そういう先生に、『別冊太陽』の内容でも無理を聞いて頂きました。例えばこの本の中の「神話地図」。古代中国の神話の話をどうしても入れたかった。ただ先生の「文章」はやはりとてもむつかしい。ところがそれを図にすると、今まで見えなかったものが見えて来た。〝神〟が見えて来た。洪水神という神が見えて来た。

しかしあれは最初はアウトだったんです。それで先生に問いました。「これ、誤っています？」「いや、誤ってはいない、しかし証明が不十分である」。「でも先生の推測というより、頭の中では証明されているんでしょ」「ただ文献がない」「先生の頭の中が文献です」――ほとんどケンカです。けれど結局は、「あんたの好きなようにしたらいい」ということで、無事、通過。……誤ってはいないんです。全部先生の文章から採って組み立てたんですから。しかしそれでもAの文とBの文が別々の著書に書かれていたら、直にAとBを結び付けるのではなく経緯を示してからでなければならない、と先生はおっしゃるんです。

AとBの〝間〟に在《あ》るものを求めて先生の「頭の中」を見ようとしました。その方法は対談やインタビューなどの「話し言葉」の隙間隙間を探ることでした。あった、ありました。必ず、あるんです。答は先生の語り言葉の中に、潜んでいました。

津崎 父は文の行間をさまざまな知識を総動員して読み取ろうとしています。そうすると自然に、行間から主張するものが現われるのだと。そのように想像力を十分に発揮して楽しく学問と向き合っていました。

西川 それで梅原猛先生は対談で「白川静は詩人だ」と言っていました。そしたら先生は「四人《しじん》まではゆきません、せい

注12 『先祖の話』 先祖の霊は一度山に入るが、正月や盆には〝家〟に戻ってくる。それで人々は正月や盆に先祖の霊を迎え、もてなすのである、という話が書かれる。この話で一番大切なのは、霊が「山」に坐す、というところである。先祖の霊は遠い所に行ったのではなく、その山、あの山に住んでいて、時々「我が家」にお戻りになるという考え方である。我々はいつも先祖の霊に守られている。先祖の霊はある時は「山の神」として、ある時は「田の神」として子孫の繁栄を見守っている。

注13 標 注連縄《しめなわ》の「しめ」

ぜい三人《さんじん》でしょう」と。これも洒落ています。

そしてそういう洒落混じりの雑談からスーと学問のお話に入られるというか——例えばテレビのタレントさん、歌手の話をしていたら、演歌・怨歌から呪歌の話になるという感じでした。それも私に対しては民俗学の方向へ話を持って行って下さる。先ほどのお母さまの話も、柳田の『先祖の話』（注12）へと持ってゆかれる。

そう言えば『万葉』とも大いに関係する話で「草摘みの呪術」というのがありますね。神さまと約束して、標《しめ》（注13）、つまり木を立て縄を渡して神域とし、その範囲の草を全部摘むと願い事が叶うという、神さまとの約束。この話はよくされました。

津崎　『詩経』にも草摘みの詩が出てきます。『詩経』と『万葉』の比較研究をやってみたいという、その理由の一つが「草摘み」です。「発想の共通性」なのですね。

に同じ。木を立てて〝範囲〟を限定するだけでもいいし、その木と木の間に荒縄を渡してもいい。もっと言えば、神との約束事の「範囲」であるので、それは実はなくてもいいのである。そこを「占《し》」めた、と言ってしまえば、そこより中に人は入れない。

注連縄は元は境界を作るものであったが、後に神の依代《よりしろ》となる。ただ、注連縄あるいは勧請縄《かんじょうなわ》で、「ここより中に入ることを禁ず」と示しても、入ろうと思えば入れるのであるが、神を信ずる人たちは畏れ多く、その「しめ」を潜ることは出来ない。「神籠石《こうごいし》」にも通じる観念である。

西川　『初期万葉』でも「草摘み歌の展開」で述べられていますよね。「春菜摘みはもと神事的な献菜のためのものであり、また予祝《よしゅく》的な民俗的行為でもあった」。

草摘みは「予祝」ですね。このことを語る時、先生は能の「花筐《はながたみ》」を出していらっしゃいます。あれは表面的には継体天皇とその妻との愛の物語であるけれど、それ以上に、継体が天皇となるための予祝的神事が背景にある、と。花を摘む。それを籠に入れる。その花籠即ち「花筐」の呪術、呪的行為の物語である、と。「なるほど」と思いました。妻の名は「照日《てるひ》の前」、巫女の名ですし。

それ以来、絵巻などに花籠が描かれていると注意して見るようになりました。そもそも相聞歌は予祝の歌とおっしゃっています。即ち「恋歌」は「呪歌」であると。

先生は本当に何でも知っている。私が「今『壬生狂言』を調べています」と言うと、「薄田泣菫《すすきだきゅうきん》の『白羊宮《はくようきゅう》』に載っ

ているやろ」と言って、

壬生狂言の歌舞伎子が　技の手振りの戯ばみに　笑み広ごりて興じ合う　かなたへ、君といざかへらまし。

と歌って下さる。

先生が白内障で府立病院に入院なさっていた時、急用があって、夜遅くに呼ばれて参りました。その折、「今は本を読んだらあかんので、謡を聞いている」とテープレコーダーを見せられた。そしてベッドに横になり、目を閉じて、曲は忘れましたが、少し謡われた。

まるで瞽史《こし》（注14）のようでした。

芳村　瞽史ですか。古代中国の歴史を語る人ですね。その集団でもある。みな盲目で、おそらくその字形から鼓を打って歴史を語ったであろうと、先生はおっしゃっていますね。

注14　瞽史　「わが国の語部のような伝承者として、多く神事に参与したものであろう」（『字統』）。盲目の語り部が持った楽器は、その文字より「鼓《つづみ》」と知れる。そして「史」から、歴史を語ったと思われる。歴史を語るということは、その国の祭祀・神を、民間に伝わる古伝承を語ったということである。ただ、『詩経』を歌った楽師集団と同じく、その「物語」は長く書き留められることがなかった。瞽史の物語が筆録されるのは、春秋時代に入ってからのこと。『国語』がそれである。瞽史が語った物語を書き留めた故に、『国語』の一名を『盲史』という（異説あり）。

西川　先生は瞽史でした。歴史を物語を総て暗記されていた。それを語って下さる。『詩経』でも、内容はむつかしいのですがお話がとてもお上手なのでついつい聞き入ってしまう。

普段のお話も同じ。例えば、奥さまと史さんが旅行をしますね。旅から帰ると、史さんはその日のうちにアルバム作り。とにかく仕事が先生に似て早い。そのアルバムには貼られた写真の横にコメントが書かれている。もう「アルバム」を超えて一冊の本です。

それを先生と一緒に拝見する。先生は自分はそこに行っていないのに、史さんのコメントに合わせて、ご自身の知っていることをそのコメントの上に乗せていく。本当に何でもご存知なのです。それで本はみるみる分厚くなり、私はまるでそのご旅行にお伴したかのような錯覚に陥る。先生のカタリは実にうまいというか。必ず所作が付きますし。そう、先生はワザヲギ（俳優）でもありました。

第四章

白川静が書く——卜文・金文

𠙵と𢦏のものがたり案内図《あないづ》

𠙵の誕生と成長と……

＊図中の文字は「白川静」の手になる。二〇〇〇年から二〇〇一年にかけてノートに書いて頂いた卜文である。

𠙵をまもる

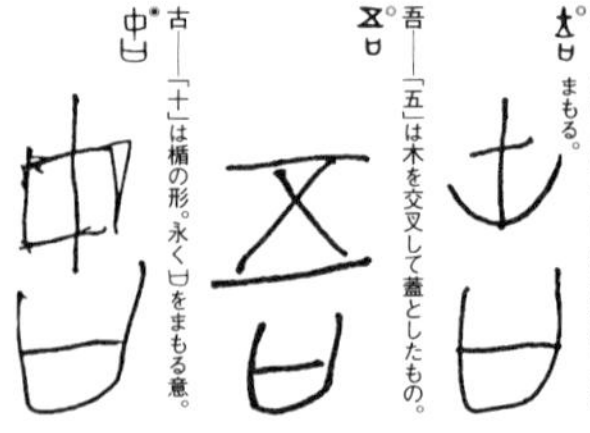

吉——𠙵の上にマサカリの刃を置いて𠙵をまもる。

吾——「五」は木を交叉して蓋としたもの。

古——「十」は楯の形。永く𠙵をまもる意。

＊𠙵の上に置くもの即ち蓋となるもので、意味に変化がある。マサカリを置く「吉」は、目出度いもの。例を挙げると、「結」ぶという字は「吉」より生まれた。

𠙵をこわす

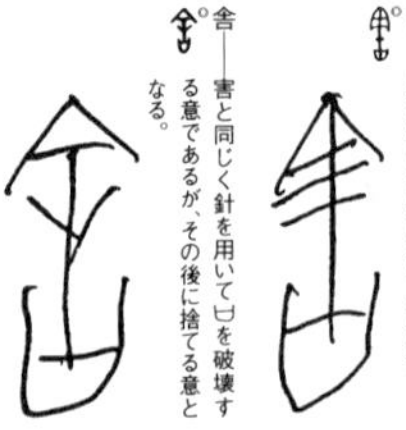

害——把手のある大きな針で𠙵を突く。

舍——害と同じく針を用いて𠙵を破壊する意であるが、その後に捨てる意となる。

＊害も舍も、今の字では𠙵を突けない。「害」、「舍」と針が𠙵まで届かなくては𠙵をこわすことは出来ない。

𠙵の誕生

「𢦏」から生まれた「𠙵」

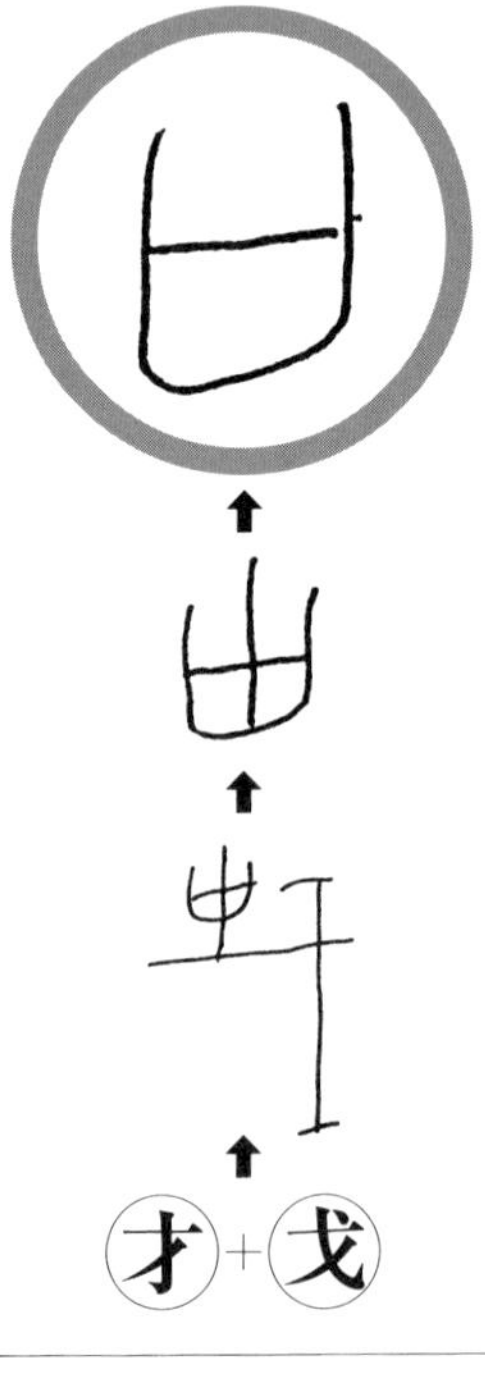

[サイ] 𠙵
神への申し文・祝詞を入れる器。

[サイ] 由
𠙵を固定した形。

[サイ] 𢦏
もののはじめの意。
キヨメ・ハラエの呪具・ホコ。

戈 カ（クヮ） ほこ

才 サイ・ザイ あり・しるし・たち・はたらき

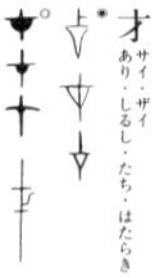

ホコでキヨめる

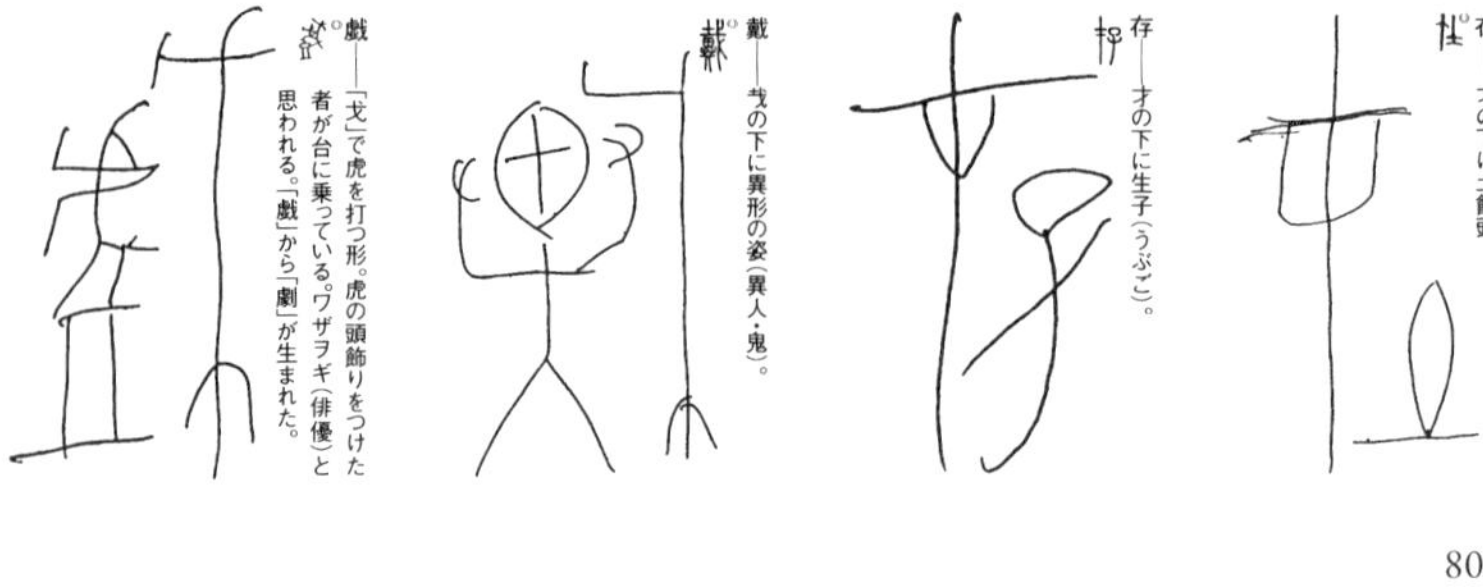

在——才の下に土饅頭。

存——才の下に生子（うぶご）。

戴——𢦏の下に異形の姿（異人・鬼）。

戯——「戈」で虎を打つ形。虎の頭飾りをつけた者が台に乗っている。ワザヲキ（俳優）と思われる。「戯」から「劇」が生まれた。

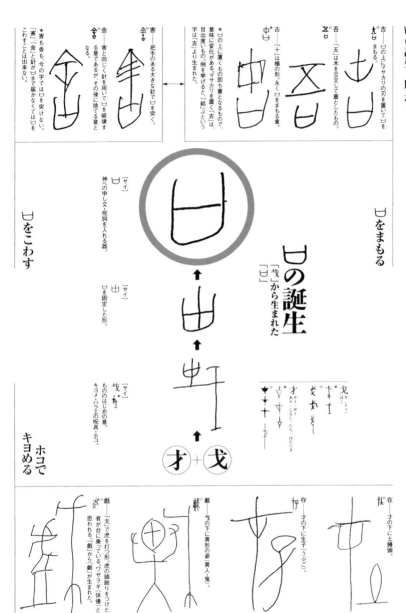

神へ問う

言——𠙵に辛（はり）を添えている形。神に告げ祈る。辛は、神への誓いを破れば、入墨の刑を受けてもいいという意。

神

祀——自然神・蛇の形。

神——自然神・雷の形。

祭——祖先神。卓の上に手で神への捧げ物を置く形。

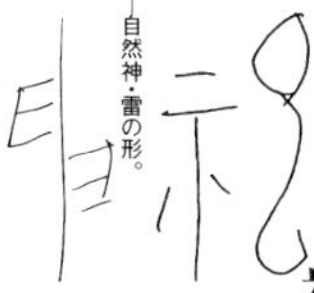

神に捧げる

可——𠙵を捧げ、木の枝で𠙵を叩き、願事成就（ねぎごとじょうじゅ）を強く祈る。

歌——可を上下に二つ重ねた形（「哥」）が最初の「うた」の字。後に「欠」（大きく口をあけた人）が付いて現在の歌となる。

𠙵と人

聖——耳の大きな人の傍に𠙵。

若——神がかった女性・巫女が𠙵を持って舞う。

神が答える

音——「言」の𠙵の中に神の意が入っている。その神意は音で告げられる。

兄——𠙵を捧げる。

兌——神の気配を感じ取り恍惚となる。

逞——神に祈る、強い呪力を持って祈る。

もう一つの𠙵

曰——𠙵の中に神の音づれ（気配）がある形。

＊曰には、𠙵の蓋をこじあけて、中をのぞこうとしている形がある。

神と出会う

啓——神の坐す戸棚をひらく。

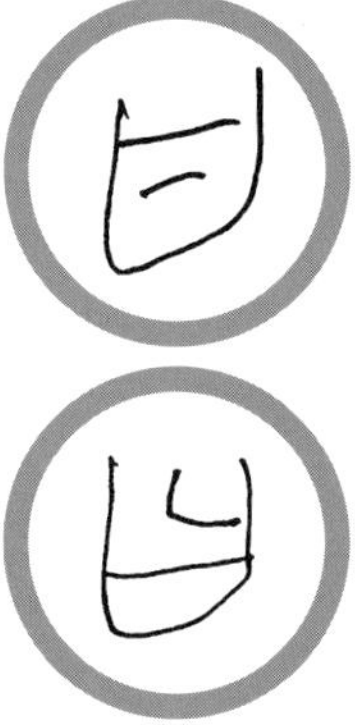

𠙵と呪鎮

書——曰の上に交叉した木をたくさん置き、そこに土を掛け、お守りの札を散らしている。「書」は境界に呪鎮として用いられた。即ち土の中に埋められた呪具であった。

史——内祭。𠙵を木の枝に付け、それを手に持ち神に捧げる形。

吏——外祭。「史」が一本の木の枝に𠙵を付けたのに対し、こちらは二叉の木の枝に𠙵を付けた形。外に出るため「ニンベン」を付けると「使」者の意になる。

事——「吏」に同じ。ただ二叉の木に、呪飾の幡や吹き流しを付け、風流化し、氏族の目印とした形。

𠙵とマツリ

𠙵と死

器——殯（もがり）の席で、犬の血によってキヨめられた𠙵を多く並べ、祈る。

哭——亡き人に対してなき哀しむ。

哀——亡き人の死をかなしむ。

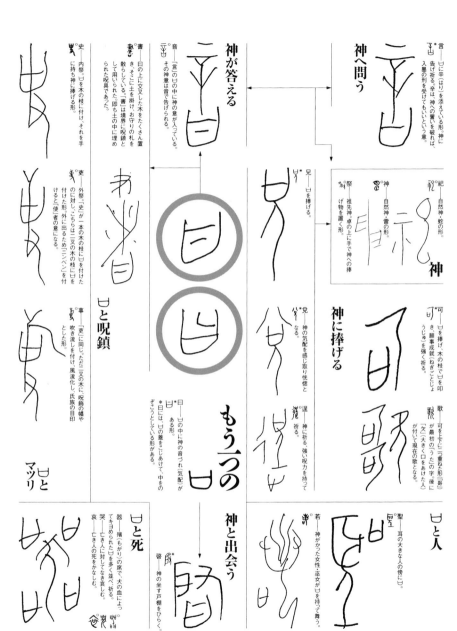

神の啓示・𠙵

――その実物は?

芳村　「歌」の話の時に出ました「𠙵（サイ）」のことは、最初のビデオの中で、先生ご自身の説明として「甲骨文をトレースするうちにあれは『口』ではなく、神への申し文・祝詞を入れる器であるということが解ってきた」とおっしゃっています。

ただサイは、文字としては「𠙵」と書くけれど、実際どんな形の器物だったのか、という質問を「文字講話」（注15）の時に受けられたことがありました。

実物はどういうものかというのは大変難しいところです。例えばそれが木で出来ていたら、出土しても腐蝕しているであろうし。

先生の「𠙵（サイ）」の発見は、神の啓示を受けたという

注15　文字講話　漢文学・書道史の研究者、中田勇次郎が初代所長を務めた後、評議員として参加していた白川静が、中田の意を受けて二代目文字文化研究所所長に就任した平成九年（一九九七／白川静、八十六歳）より、年四回、六年かけて行われた二十四回の講話。場所は第一回・第二回は京都商工会議所で、第四回目からは受講者が六百人を超えたため、国立京都国際会館に移した。

講義でなく「講話」と題したのは、「私の文字学について、ある程度まとめて、一般の方にお話しすることが目的であった」、がその理由。文字を自身で描きな

ようなところがあります。ただし「釈史」の論文で解るように、「𠙵（サイ）」を啓示ということだけで済ませず、甲骨文などの文字資料や文献で論証されています。

西川　先生の「𠙵（サイ）」の発見が神の啓示であるというのは、そうだと思います。卜文《ぼくぶん》（注16）をトレースしていたその時、神が降りて来たんだと思います。

芳村　文字を解する時には、「𠙵（サイ）」の実物の存在の有無はそう関係ないと思うのですが、やはり皆さんの「知りたい」という気持ちもよく解ります。

　何か直接先生からお聞きになったことは。

津崎　私も卜文・甲骨文をトレースしている時に、〝何か〟啓示のようなものを受けて、それで改めて「𠙵（サイ）」を神への願い事を書いた手紙を入れる器と考えると、今まで解らなかったことが、次々に解けて行ったという話を聞きました。字形からすると底が円いようですが。

がらの話言葉は一般の人にも解りやすいものであった。その折の板書は「模造紙」に太い黒マジックで、大きな会場に見合う大きな文字で描かれた。

　後に『文字講話』『続・文字講話』（全五巻／平凡社）として出版される。

注16　卜文　甲骨文とも言う。牛の肩甲骨や亀の甲に神への願い事（申し文・祝詞）を小刀で刻し、「神の意志」をうかがう。材質より「甲骨文」の名が、内容より「卜文」の名が出でた。神が受諾するまで、何回も同じ行為を繰り返す。この卜文・甲骨文に対して、青銅器に鋳込まれた「金文」は、

西川　「𠙵（サイ）」には蓋の付いたものもありますから、私は「箱」も「𠙵（サイ）」ではないかとお尋ねしたことがあります。

　頂度、そのご質問をした時、紀伊国屋書店さんが「白川静と漢字――東洋の精神」というビデオを作っていらっしゃって、『別冊太陽』の『白川静の世界』を元に、「白川民俗学」をフィールドワークされていました。それで若狭に伝わる「豊作を祈願する神事・オイケモノ」を取材して頂くことに致しました。もちろんそのことは先生にお断りしました。で、オイケモノ神事（注17）について先生に、

　木の箱の中に植物の種をいっぱい詰め込んで、ムクの大樹の根本に埋めます。野老（トコロ）、栗・椎・柿・銀杏《ぎんなん》・団《どん》栗《ぐり》・榧《かや》……そう、これらのものを〝種物《たねもの》〟とおっしゃっていました。そうして一年経って土中から箱を掘り出す。すると

凸型であるため、卜文に比べ、文字は全体に丸みを帯びている。

　卜文が描かれた〝骨〟は天上へ向けられ、金文は地下の玄室（墓）に納められる。文字は、神と、そして先祖の霊との交通の手段として用いられた。

注17　オイケモノ神事　福井県小浜市の加茂神社で行われる二月の神事。「オイケモノ」の名は「生き物」→「イキモノ」→「イケモノ」説や、箱を埋めるので「埋《い》ける」→「いけもの」から来たとも考えられるが、もうその本来の意味は失われて、〝音《オン》〟のみが残っている。

種から芽が出ている。発芽している。

　その様子を見て、区長が、「本年も豊作間違いなし」と祝《しゅう》言《げん》を述べます。発芽の状態は年によって異なります。悪い時もあります。しかし区長は、そんなことお構いなしに、「本年もめでたい、めでたい」と言うのです。


と、お話し致しますと、先生は、「まさに予祝やな、先に『めでたい、めでたい』と言うてしまうと、本当にめでたくなる、豊作になる」と、うれしそうにおっしゃって下さいました。「では、その『箱』は『𠙵（サイ）』と思ってもよろしいのでしょうか」と、ここで思い切ってそう先生に問うと、すぐさま答は返って来ました。「そうじゃ」。

　つまり「𠙵（サイ）」の字形は、底が円いけれど、円くなくっても「𠙵（サイ）」なんです。

津崎　ただ先刻も申しましたが、「字」の「容《すがた》」は必ず底を

　箱を埋めるムクの大樹のある場所は禁足地（神事以外、人が立ち入ることを禁じた地）で、神社の境内に長い身体をゆったり横たえていると信ぜられている「大蛇」の尾が在る所と伝えられる。

　箱に入れる〝種〟は七種が決まり。

円く描きますから、私はそこがやはりとても気になっています。

西川　そうですね。それと願事を書いた手紙を「ㅂ（サイ）」に入れて神に捧げても、神から答が返って来なかったら、「ㅂ（サイ）」を木の枝で叩いて叩いて、「何で答えてくれへんねん」と、神さまを脅しますでしょ（笑）。

津崎　脅しているかどうかは解りませんが、「何で言うことを聞いてくれへんの」と、叩きますね（笑）。

西川　と、すると、〝音〟がしないといけないんじゃないかと思ったりもしたんですが、籠を叩いても音はしません、先ほどの「花籠の呪術」を考えると、「籠はあり」かなとも思うんです。そうすると、〝音〟というより〝叩くこと〟に意味があるのではないかと——例えば奇人の「奇」は、「ㅂ（サイ）」をナイフで叩いている容ですから。ただ、ナイフのような硬いもので叩くと籠の「ㅂ（サイ）」は壊れてしまいます。

花土、その美しきもの
――〝永遠〟という名の〝花〟

芳村　先生はもっと具体的なことはおっしゃらなかったでしょうか。

西川　「𠙵（サイ）」そのものについてはおっしゃっていませんが、「花土《かど》」のお話をして下さいました。これもおそらく三千三百年以上前に遡る〝もの〟だと思われますが、木の板に朱で文字を書く。朱は硫化水銀ですから、永遠に消えないんです。それを土中に埋める。すると木は朽ちて失われても、〝朱〟だけは土の中に残るんです。それで黒い土の上に文字だけが在《あ》る――それを「花土」、花の土と言うと。美しいものです。写真を見せて頂きました。

　この花土のお話を先生がされたということは、条件を満たした木材――例えば漆を塗ってあるとか――そういう〝もの〟

は発見される可能性がある、ということを暗におっしゃっていたのではないかと思うんです。

ただ、先生はそのような「考古学的発見」を望んでいた訳ではないと思います。文字から説いた「𠙵(サイ)」で十分だった。けれどいろんな方から「𠙵(サイ)」の実物はあるかないか、と問われるので……例えばとして「花土」を語って下さったのだと思います。

津崎　出土する可能性はありますね。父にとってはどちらでもいいことでも。やっぱり気になります、私も（笑）。

第五章

遊

白川静が楽しむ——「孤独」の喜び

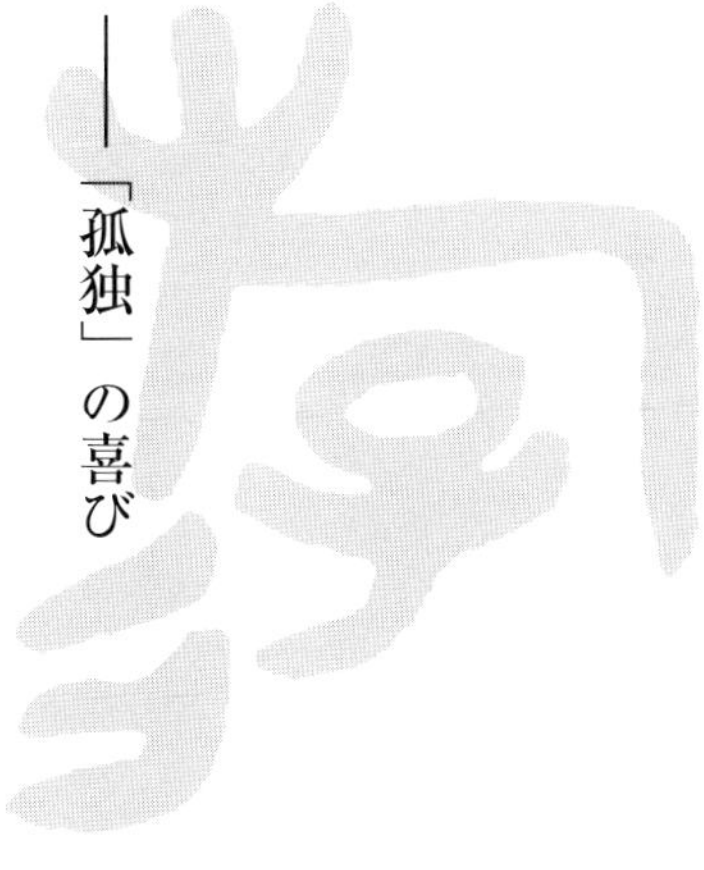

「こんなやさしいのはおらんぞ」というお顔の先生。

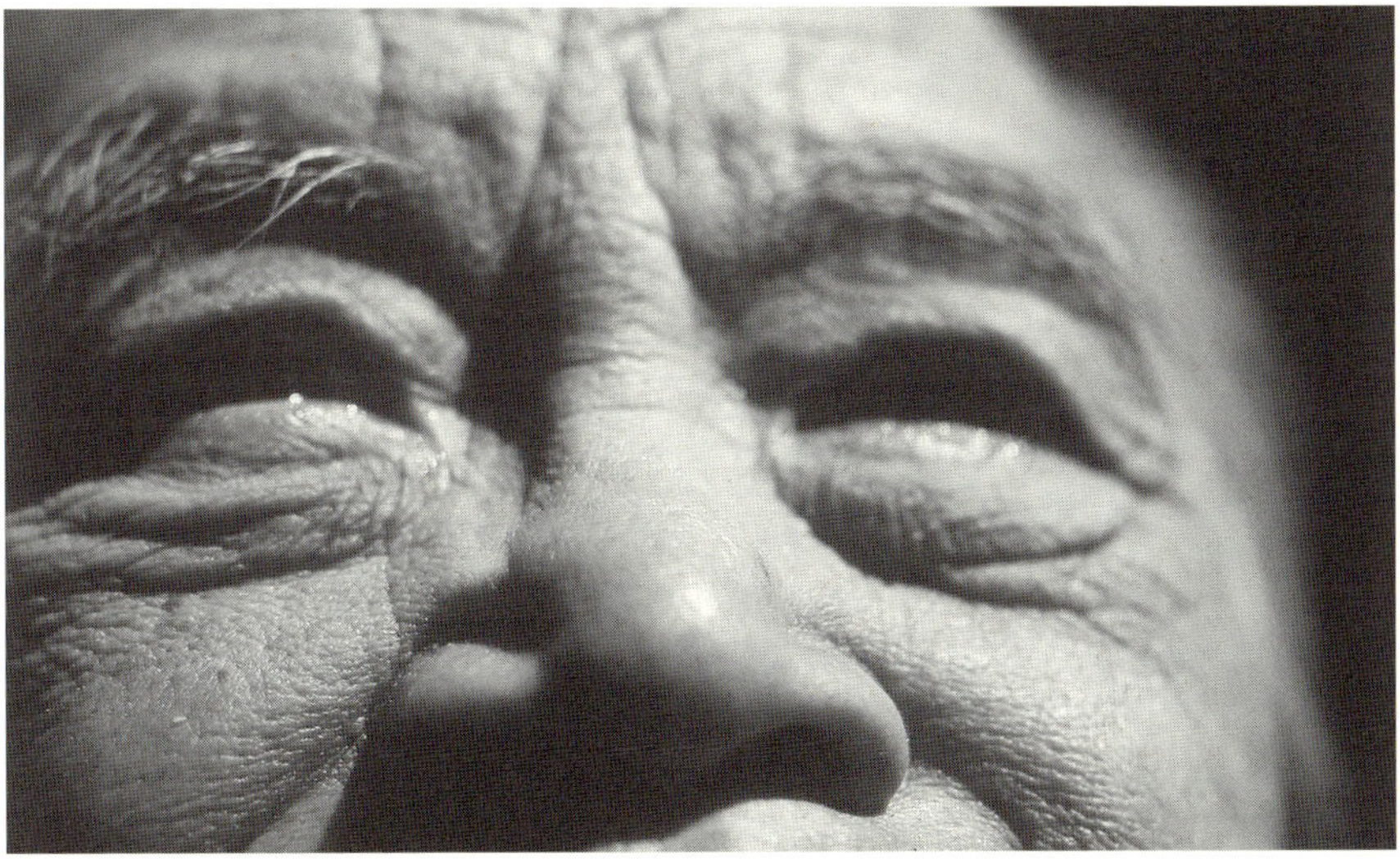

「やさしい目」の先生。“夏《か》”の人は目が大きかったと語って下さる。

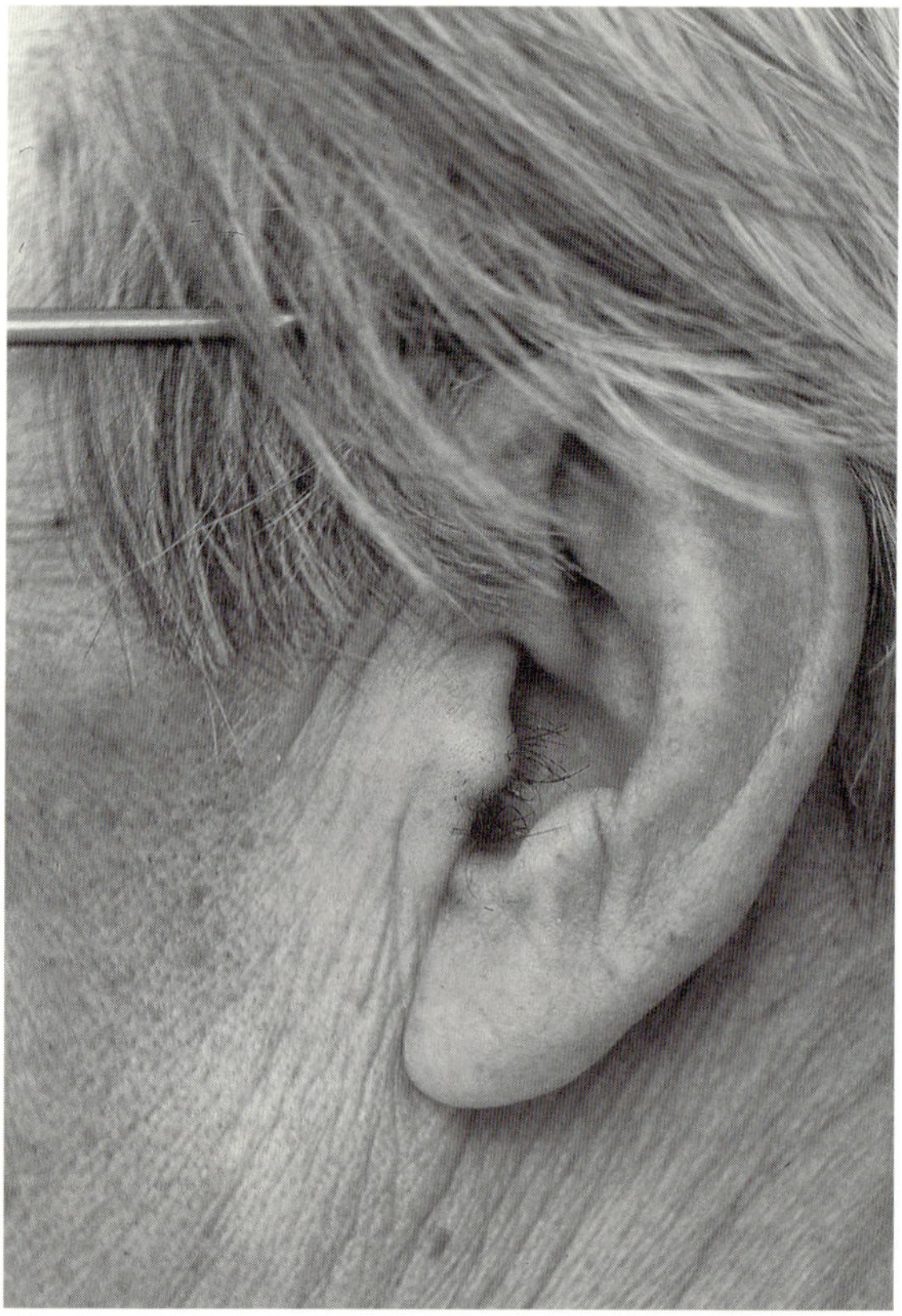

先生の耳。耳の大きな人は「聖」人。先生の耳の横に「ᆸ(サイ)」が見える。

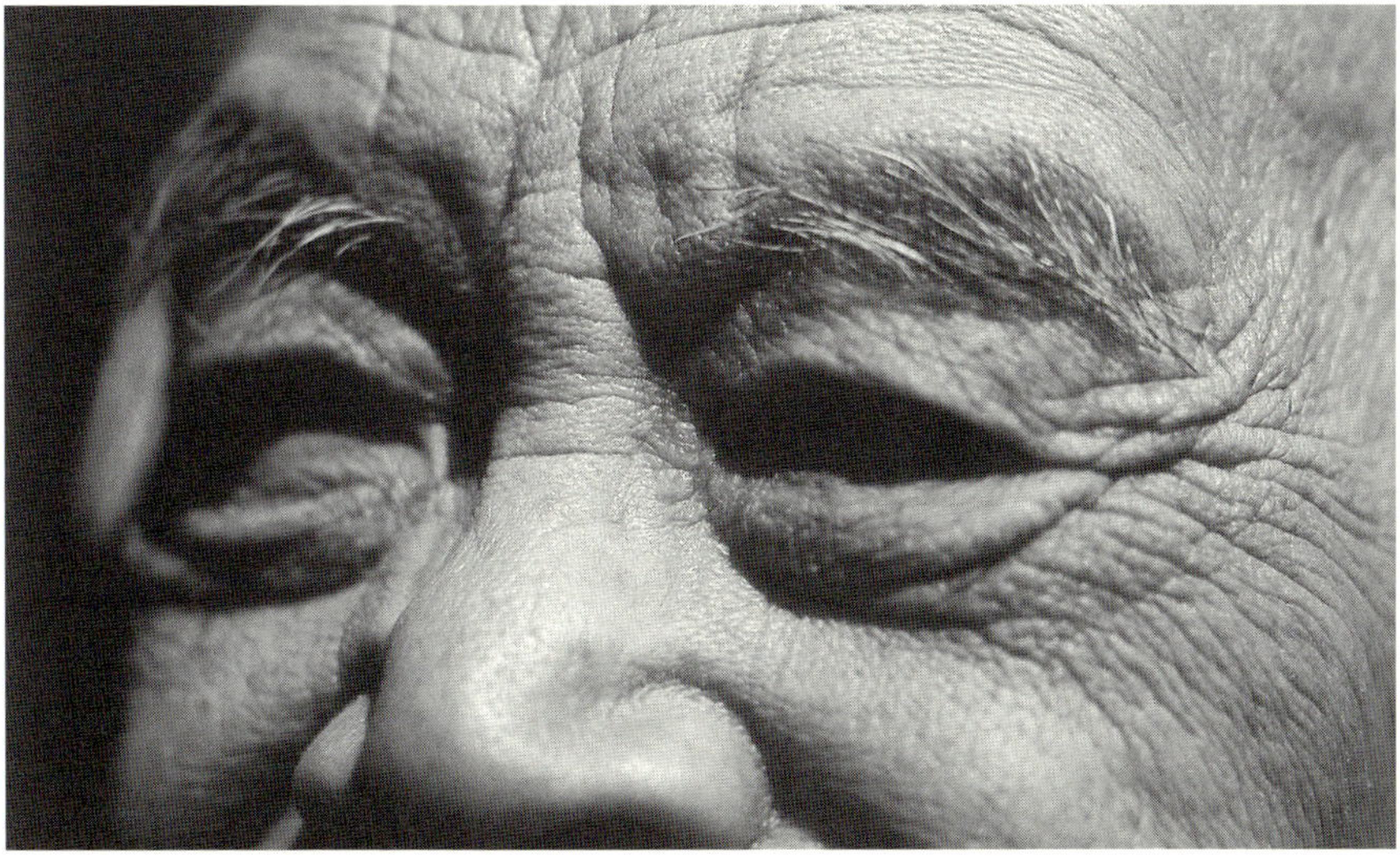

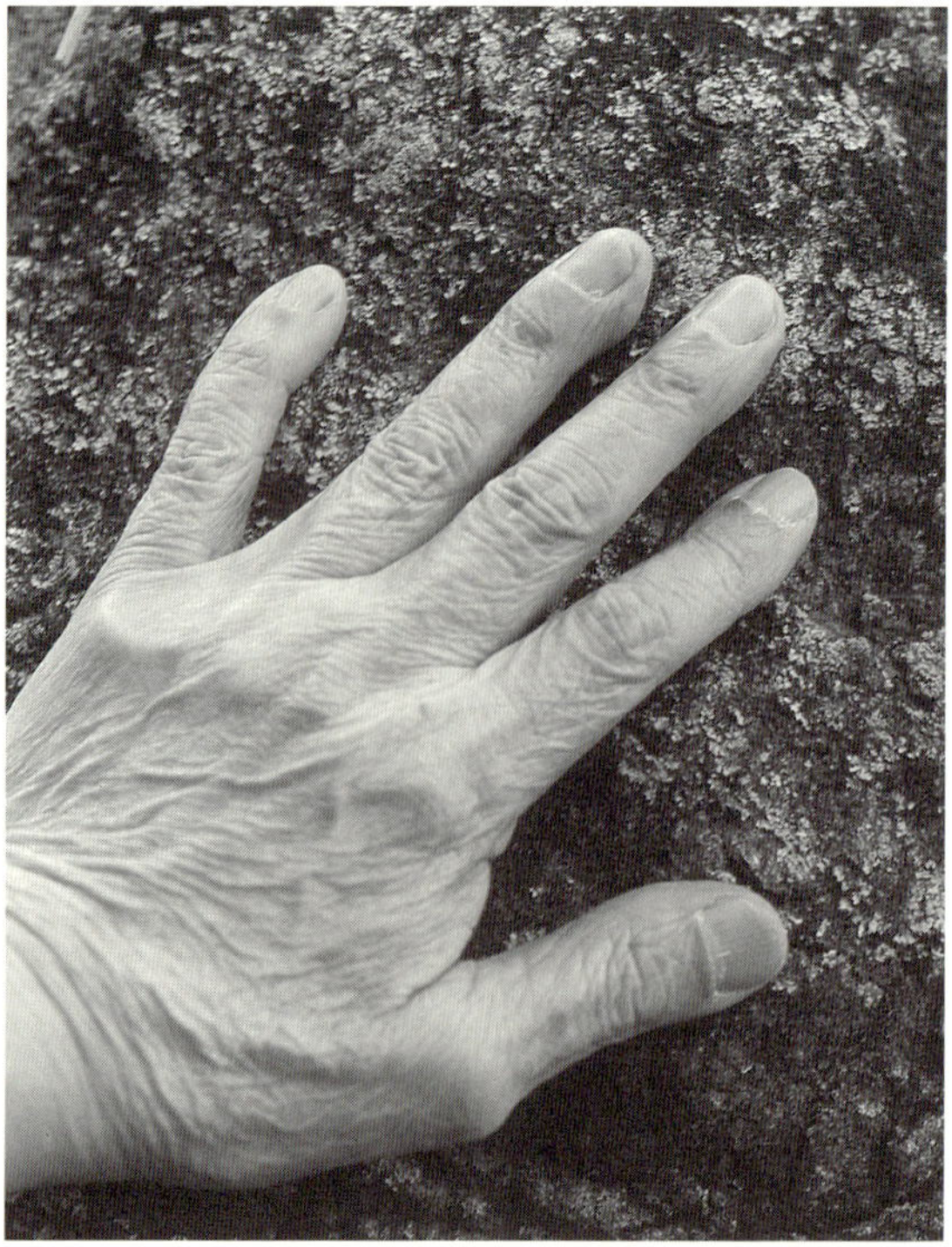

先生の“手”。樹の“気”を頂く。

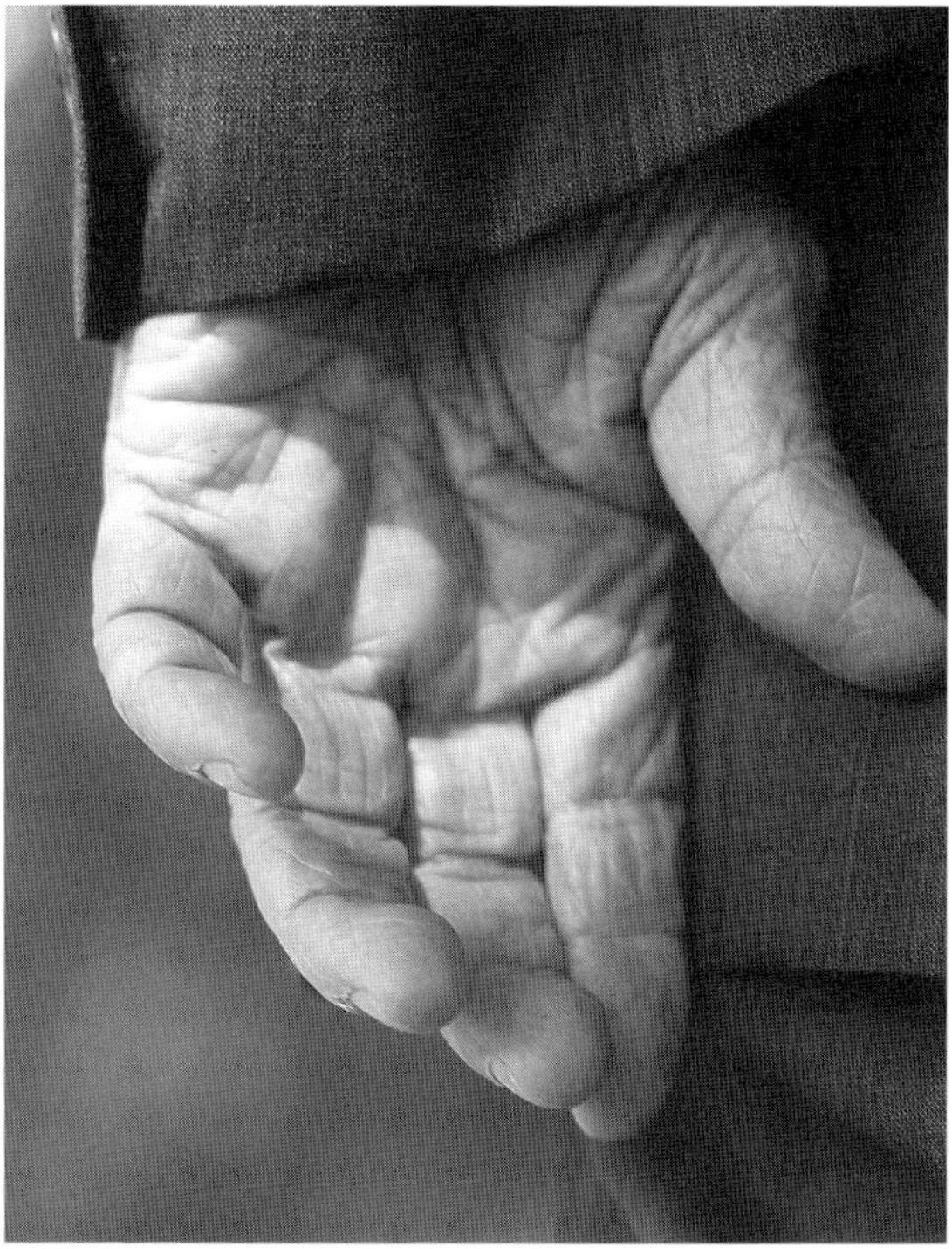

先生の“掌”。「手をつないで頂けますか？」

神と遊ぶ・『詩経』を訳す

――桃は若いよ　咲き照る花よ

芳村　史さんにおうかがいしたいのですが、先生の研究室でのお仕事の様子はよく聞いているのですが、お家では。

津崎　そうですね。広小路学舎に行っていた頃は、帰って来るのが夜の十時ぐらいですかね。それを一応、待つ訳ですよ。先に寝ていてもいいんだけど、待つんですね。そして帰って来たら、あの人はお仕事があるんですよ。トレース紙に写した甲骨文を今度は小さな単語カードみたいなものに一文字ずつ書いているのです。一字ずつ。出典を書いた単語カードを作っているのです。そのカードを持って帰ってきて、夜の仕事は、それを分類すること。まるでかるた取りですね（笑）。

　何をどういう風に分けているのかは、当時の私には解らなかったけれども、分類をしているんですね。後に、ある要素を含んだものをまとめていく作業だと知りました。それが、夜中の作業です。だから出来る所までは学校でしてきて、あとは家に帰って、そういう分類作業をして遊ぶという、実に楽しそうに仕事をしておりました（笑）。

芳村　そうでしたか。先生は「仕事をする」ということを「遊ぶ」とおっしゃっていた。仕事は楽しい、と。

津崎　「神と遊ぶ」というんです。いつも書斎や研究室にこもって孤独でしょ。でも、それを父は楽しいと言う。トレースする時、父の心は無になっていたと思います。一心にペンを走らせている時、古代の人の心が乗り移る。手で字を写しとる、その行為そのものが大切なのではないか、と私も最近思っています。その時は孤独ではなく、古代の人と心の交通があったのではないでしょうか。

桂に引っ越してからは、殆ど「書斎」に籠っていましたが、北大路に住んでいた頃で、まだ自分の研究室のない時代には、家族がいても居間で平気で仕事をしていました。時々母方の私の従兄弟が来て泊まっていくことがありました。そんな時、従兄弟が、「叔父さんの仕事の邪魔になるね」と言うと、「いや仕事をしている時は、逆に気にならん」と。それは従兄弟に対する気遣いではなく、本当にそうなんです。〝仕事〟となると自分の世界に入って、一体「白川静」はどこにいるのか、私たちの居る場所には出て来ないんです（笑）。

西川　その従兄弟さんが、先生が顔を洗うのを見てとても不思議に思ったそうです。掌に水を掬《すく》ってそこに顔を浸けて顔の方を動かす。普通は手ですよね（笑）。それで着物をビショビショにするので、よく奥さまに叱られていた、と。

でも、よく考えると先生って「エコ」なんです。掌一杯だけの水で顔を洗うんです。流し水で手を動かして顔洗ったら、水がいっぱい入りますでしょ。と、私は思っているんですけど。これは先生にお聞きしなかったので、本当のところは解りませんが、例の有名な「巻き寿司」のお話なんか聞いていても、貧乏だからという以上に、節約と「もったいない精神」。

芳村　巻き寿司のお話？

西川　先生は大阪に出るまで、巻き寿司がああいう棒状の形をしているって知らなかったって、言うんです。お使いでお寿司屋さんに行って買う巻き寿司は、端を切り落としてバラバラになったもの。「でも、あそこが〝具〟が一杯で一番美味しいですよね」と私が言うと、「そう、そう」とおっしゃって、私には時々夕食に上等のにぎり寿司をご馳走して下さいました。「貧乏も楽しんでいた」というところがありました。冬の夜は家の中でもマフラーをして首周りを暖かくしていました。あれもエコ、同時にエアコンやストーブを着けると暖かくなり過ぎて「頭がボーッとする」のでマフラーなんです。

お仕事で特に記憶に残っているのは『詩経』の訳の時のことですね。あの訳は素晴らしい。先生の歌人の面がストレートに出ていて、素人ながらつくづく「うまいなあ」と。史さんがずいぶんお手伝いしたと、先生、おっしゃっていました。あのお仕事をしている時、いつもより、うんと楽しそうでした。

津崎　そう、こっちは大変だったのよ（笑）。

『詩経』の訳は、特に『詩経雅頌』を出す時には、原稿用紙の一番上から原文を全部写せと。基本になる本からね、本文を全部写していくでしょ。渡したら、その日に読み下し文を下に書いているんですね。夜にそれを訳している。そして次の日に行ったら、どや顔でね、「ほら、ちょっと読んでみ」って言うんですよ。読んでみると、「常棣《にわざくら》」という詩でも、「にわざくら　かがやくばかり　世に人あれど　はらからに如《し》くはなし」というような訳を付けているんです。

「えらい気取った訳やなあ」って言ったら、「これは海音寺潮五郎さんの訳でもなく、目《め》加《か》田《だ》誠《まこと》さんの訳でもなく、自分らしい訳だ」という。

それがうまく行った時には、次の日、私が来るのをすごく楽しみに待っているんです。ちゃんと原稿用紙を継ぎ足している。一番上に原文を書いて、その下に読み下し文を書いて、さらにその下に自分の訳を書くのですから、縦二十字の一枚の原稿用紙には収まらない。二枚にしてそれに書いて待っているんです。「来たか」と言って、すぐに読めという風に見せるんです。読んでいると、「どや」って聞いてくる。

上手だって言わないとしょうがないでしょう（笑）。「いいなあ」って言ったら満足して、また次のを持ってくる。そのようにして『詩経雅頌』は出来ました。『詩経』の訳はとっても若々しいと思います。これが九十翁の訳かと思うと、驚くほどの瑞々《みずみず》しさを持っています。その意味でも詩人だなあと、内心は大いに感心しておりました。

西川　『詩経』の訳は本当にいい。特に「国風」が好きです。楽しくそれこそ遊ぶ心で読みました。

桃は若いよ
咲き照る花よ
この娘《こと》嫁げば
花嫁御寮《ごりょう》

（東洋文庫　五一八『詩経国風』「周南」
桃夭《とうよう》　一九九〇年　平凡社）

芳村　先生はこの『詩経』の訳を『字統』か『字訓』を校正している合間、合間に、されたとか。『詩経』も全部暗記されていましたし、びっくりすることばかりでした。

津崎　『詩経国風』は『字訓』の後、『字通』を準備しながら書いています。『雅頌』はなかなかむずかしいのですが、『字通』出版の後に始めました。

『楚辞』を愛した理由
――巫祝者の文学

芳村　『楚辞』（注18）も暗記されていましたね。『楚辞』は大変お好きで、講演の折にも暗唱されたことがあります。若い頃、その『楚辞』の暗唱用に、『楚辞』を手帖に写しておられたと聞いたのですが、残念ながら、「白川文庫」にそれが見付からないんです。先ほどの柳田の『先祖の話』を写したノートはございます。『楚辞』は見付けたいですね。

津崎　『楚辞』は若い頃、広瀬先生の事務所にいた頃に、すでに覚えていたそうです。

西川　『楚辞』がお好きだった理由は、「神話」ですか。

芳村　そう、神話とその神話をうたった歌謡ですね。古代中国には系統だった神話というものがないのですが、『楚辞』には楚の神話が多く書かれている。この、歌謡で伝えられ、

注18　『楚辞』　中国戦国時代後期の楚国の歌謡。楚の神話はもちろん、中国の神話は殆ど、この『楚辞』に収められている。作者は屈原（生没年不詳／楚国の王族とも）。

　また中国の文学の多くが『楚辞』より出ている。それで白川静は『楚辞』を暗唱した。すると、『文選《もんぜん》』に出てくる漢代の「賦《ふ》」などの難解な文章も読めるようになったという。つまり、句法、表現法が同じであるからである。一つの文章の「標準」が『楚辞』にあった。

後に書き留められた神話を先生は大変愛されていたと思いますね。

西川　『呪の思想』でも『楚辞』について熱く語っていらっしゃいます。あれは楚の国の巫祝者《ふしゅくしゃ》の文学だ、と。瞽史も語ったのでしょうか。

芳村　『国語』は瞽史が語った物語を筆録したもの、と解っていますが、『楚辞』はどうでしょうか。

西川　白川民俗学と白川神話学は重なっていますね。もっと読みやすい形で、民俗学と神話学の本を「白川学」として出して頂きたい。私、先生の「神話のお話」をカセットテープに録ってあるんです。これを活字にしたい、したいと思いながら、そのまま。ただ、大分『別冊太陽』に流用させてもらいましたが(笑)。生《なま》の先生の言葉、普段着の言葉で語っていらっしゃる神話をね、テープから起こしてなるべくそのままに、文章に仕立てたいと思っています。

先生は神話の中の住人でした。だから神と遊べた。仕事は楽しいと言うけれど、私はやはり、先生はどこかで孤独だったと思う。だからあんなにやさしかったんだ、と。

津崎　「こんなやさしいのはおらんぞ」が口癖でした（笑）。

西川　「一人あることの喜び」とおっしゃるのだけれど、桂に遊びに行かせて頂いて、先生と少しお話をして、あとはツルさんと遊ぶのですが、御煎茶と生菓子から始まって、お薄《うす》を頂き、果物を頂き、としている間、間に、先生は書斎から出ていらして私と奥さまのいる応接間に入って来られ、ドンとご自分の常席にお座りになる。そして、「僕のが出とらんぞ」と〃おやつ〃をご催促になる。奥さまが例えばお抹茶を点てて持っていらっしゃると、「僕だけ生菓子が半分や」と笑われる。糖尿病を患っておられたので、奥さまが加減なさっていたんでしょうが。先生は、「糖尿病などというものは年寄りの皺と同じじゃ」と、お菓子を一口でパクリ。そして私が、「お仕事のお邪魔をしてすみません」と言うと、「いや、今日も三十枚は書いた」と、慰めて下さいました。

芳村　先生は毎日四百字詰原稿用紙三十枚お書きになるのをノルマにしていらっしゃいました。九十歳を過ぎてもなお……やっぱりすごいなあ。

史さんは、先の『詩経』だけでなく随分と先生のお仕事のお手伝いをされていますね。「字書」の時は大変でしたでしょ。

津崎　お手伝いなんて……。『字統』『字訓』の時はまだ勤めていましたから、せいぜい行書草書の原稿を出版社に渡すために楷書に直すぐらいのことです。『字通』には少しは関わったものの、一所懸命やっても、ちっとも採用されないんですから（笑）。

芳村　『字通』の時は大変でしたでしょ。

津崎　あれは芳村先生にもご協力頂いて……。私は最初は、日中の古字書を二十冊ほど挙げて、その字が古字書のどの頁にあるかという一覧表を作りました。その後、語彙の文例を探すのを手伝ったのですが、これが大変でした。私たちはア行からサ行までを頼まれました。芳村先生にはタ行以降をお願いしたと思いますが。

芳村　あっ、そういう風に分けていらっしゃったんですか。

津崎　あの仕事にはいろんな条件が付けられていたんですが、一番重要なのが、「『大漢和』（注19）に出てくるものは避けよ」でした（笑）。次に出来るだけ古いもの、出来るだけ人に知られているもの、という条件でした。

それで一所懸命、いろんな字書を引いて、索引の索引がいるくらい調べました。ところがです、出来あがった「字書」を見ると、それが採用されていない。殆どボツでした。もう、苦労したのに！　という感じ……でしたよ（笑）。

芳村　ボツでした。ボツでしたね。私の方もボツでした。随分苦労して、『大漢和』を避けなければいけませんからね

注19『大漢和』　代表的漢和辞典。諸橋轍次（もろはしてつじ／一八八三〜一九八二）著。全十三巻（本文十二巻、索引一巻）。B5判約一万五千頁。第一巻の刊行は一九四三年。しかし第二次世界大戦で組版全部を焼失。

一九五五年、やっと復刊を果たし、一九六〇年、最後の巻・索引を刊行。この間の過労のため著者は失明。出版助手の人数約九十人。出版に関係した人々は延べ二十五万人といわれる。俗に「諸橋大漢和」と通称される。

――いろんな本から文例を探して、「これだ！」と思って原稿作成したんですが、見事に不採用でした（笑）。

結局は、お書きになりたいこと、即ち「答」は先生の頭の中に初めからあったのでしょうが、確認をされたかったのでしょう。

津崎　そうそう、そんなこと「みんな知っとる」と（笑）。でも、そのおかげで、あの大部の『字通』は誕生したんです。本人も三回くらい書き直しをしています。どんどん書き進めていくと、途中で調子が変わってくる。最初に書いた部分が気に入らなくなるのです。それでまた、最初の部分に手を加える。納得するまで書き直したのでしょう。

そして「校正」に入ると手紙にね、「忙しいことですが、宜しくお願いします」って書いてあるんです。校正の打ち合わせをして、原稿のコピーが大量に届いたばかりの時に「阪神淡路大震災」。ライフライン回復までは避難生活。コピーは水に濡れ、書物が散乱する中での作業でしたから、余計に父は心配して、「三校を送ります、忙しいことですが、宜しく頼みます。とりあえず」などと書いた手紙と「校正」とともに、「永楽屋の漬け物」が入っていたりするんです。「到来物、少々同封しておきます」って。

手紙は必ず入っていました。それも敬語で書かれているのです。

西川　やっぱりやさしい、娘にも他の人と同じように気を配っていらっしゃる。

津崎　それは本当にそうでした。

白川静、ペンを選ぶ
──羊の如く、スルリと美しく

芳村　先生からはよくお礼状を頂きましたが、その字が読めないんです。美しい字なのに。

津崎　私も読めない（笑）。でも本人は「正しくくずしてある」と言う。それで私、「くずし字解読辞典」を買って、くずし字を調べていきました。あの辞典は起筆から調べるのですが、よく見てゆくとあるんです、父のくずし字が。くずし字は、昔、書の本をみて宙に書いて覚えたのだそうです。で、父の手紙を辞典を引きながら読みました（笑）。ただ、原稿の字では読めないものが随分ありました。一字一字離しては書きませんでしょ。全部繋がっているので、結局は意味から読み取りました。

芳村　しかし美しい字ですね、先生の字。

津崎　そうですね、ト文・金文の写しなども美しいものがありますが、私が一番美しいと思うのは、トレーシングペーパーに書いたト文ですね。こうキリッとして凛として美しい。

あのトレペのト文を書く時は、気に入ったペン先を使っていました。「書きやすい」と。ところがたくさん書くので、先が減って、それで、「どこかに同じものはないか」と。

西川　「白川静、筆（ペン）を選ぶ」ですね（笑）。

津崎　そう、で、探しましたよ。いろんな文房具屋さんを回りました。そしたらある文具店の「アニメコーナー」に同じペンが置いてあったのでまとめて買って、父に渡しますと、非常に喜んでくれました。

また日常、手紙などを書く時は、晩年は水性のボールペンを使っていました。書きやすいと思ったものは、まとめ買いをして渡しました。視力のこともあり、殆ど青色のボールペンでした。

西川　私はスケッチブックに、私がいつも持っている万年筆様のブルーインクのペンで書いて頂いたり、太字のマジックインキで書いて頂いたりしました。どれも美しい字でした。

先生に直接お話し頂いた、書いて頂いた漢字は、「若」や「顔」

にしても、また「喜」「棄」にしても、みな、背景に神がいて、もちろんそのことは『字統』に書いてありますが。ただ、お話は、『字統』の文章を超えてゆきます。そして所作が加わって、「神のものがたり」は、部屋一杯に満ちてゆきました。

「美しい」から思い出すのは、「羊」の話ですね。これも有名なお話ですが、

「羊というものは、立ってお産をする。子が生まれる瞬間が実に美しい。こう、後から見るとね、赤子がスルリと生まれるのが見える。それが美しい。『美』は羊から、羊の出産から生まれたんや」

と。この時もスケッチブックに「美」という字を書いて下さる。その字がまた美しい。スケッチブックに「美」が生まれる。

そこからまた話は展がって、羊という動物そのものの話になる。羊っておとなしい動物でしょ。それでしばしば犠牲の

〈若〉● 〈顔〉◎ 〈喜〉● 〈棄〉◎

「若」は神前で巫女が両手を挙げて踊る様。「顔」の「文」は文身を表わす。

動物として選ばれた、と。「羊神判」という卜占があって、原告・被告が各々羊を一頭ずつ神の前に連れてゆく。そして二頭の羊の首を同時に斬る――おとなしく死んだ羊の持ち主が勝者となる――そんな風にお話はどんどんふくらんでゆきました。それにしても羊がかわいそう。

津崎　何もかもが神のご意思なんですよ。

「喜」は𠙵を捧げて鼓を打ち神に訴えている。「棄」は赤子（初生児）を水にすてるの意。水占である。

手作りのお守り
――天の行は健なり

芳村　しかし先生ご自身は、晩年の守護神は別として、〝神〟を信じるとか信じないとか、そういう話はあまり好まれなかった？

津崎　お守りとかね、信用しない（笑）。

西川　でも、先生、「お守り」作って下さったんですよ。梅

〈美〉◉

羊の全景。下の「大」は羊の後脚を表わしている。白川静が特に愛した文字の一つ。そして愛した言葉、「美しい」。

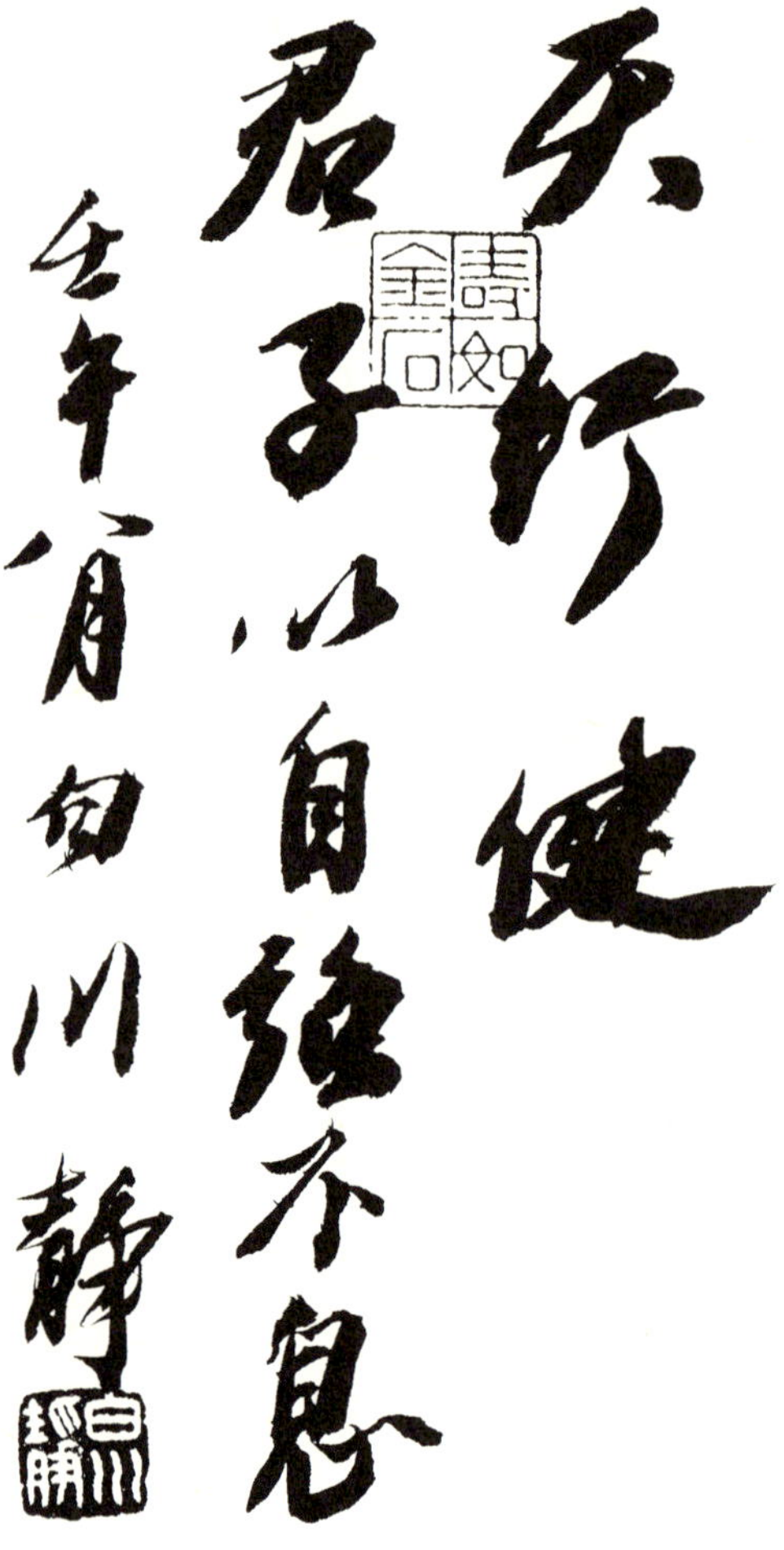

原先生がある手術をされる時、もう何回も癌を患って、大手術をしていらっしゃるのに、なぜかその時は「全身麻酔が恐い」とおっしゃった。それで白川先生にご相談。

津崎　何でも相談するのね（笑）。

西川　そう、何でも相談し、何でもお尋ねする（笑）。で、史さん、先生どうしたと思う。

津崎　作ったのね。

西川　ええ、「お守り」の中味を作って頂きました。「申し文《ぶみ》」です。神への願事《ねぎごと》です。神への手紙、文字です。

「天　行　健
君子以自強不息
壬午八月白川静（印）」

『易経』から採った言葉だそうです。

「易の乾卦象伝《けんかしょうでん》に曰く
天の行《みち》は健《すこやか》なり
君子以て自強《じきょう》して息《や》まず

無事の回復成功を祈る

壬午《みずのえうま》（平成十四年／二〇〇二）八月　白川生

と、読み下し文と「付けたり」を付けて、「文字」を下さいました。

私はそれを入れる袋を作りました。「𠙵（サイ）」を作る気持ちで。そして梅原先生にお渡し致しました。手術は無事成功。その後、梅原先生は益々お元気になられ、本年（平成二十九年）九十二歳をお迎えです。

あの〝本物〟、今思えば写真に撮っておけばよかった。

で、「お守り」、先生が初めて八十七歳にして、平成九年（一九九七）、中国にお出掛けになる時、私、首途《かどで》八幡宮（注20）にお参りして、お守り頂いて来ました。そして先生に差し出しますと、「義経やな」とおっしゃっいました。何でもご存

注20　首途八幡宮　京都市上京区智恵光院通今出川上ル桜井町にある神社。ご利益は旅の安全。八幡宮であるから、御祭神は、応神天皇・神功皇后・ヒメ神の三神であるが、ここに「源義経伝承」が入り込み、義経の奥州行にご利益があったとされる。またこの地は、義経の奥州行に同行した（むしろ義経を奥州へ連れ出した）砂金商・金売吉次《かねうりきちじ》の屋敷跡とも伝えられる。王城鎮護の神ともいうので、人々は旅の安全と守護を祈り、守り札を頂く。

知なんです。

その換わりでもないでしょうが、「中国みやげ」を頂きました。パンダがくっ付いている「ティッシュペーパーカバー」――今も私の机の傍らに元気でおります。

芳村　いいご経験をされましたね。「白川静」という名の前で、私どもは畏れ多いと思ってしまうのですが、史さん、西川さんの、お父さま、〝先生〟のエピソードを聞いていると、「白川静」がぐんと近くなります。その学問が少しばかり平易と申しますか、展かれて、解かれて、我々の生活の中に「白川学」はある、という思いを深く致しました。

最後に一言ずつ、お二方から。

津崎　一言では喋れませんね（笑）。

西川　私も同じですが、三言《みこと》ほど（笑）。先生は「白川学」について、こうおっしゃいました。

「学問というものは、誰々の、という固有名詞が付いていている間はまだ本物でないの。『白川静』が消えて初めて本物になる。そうやね、百年、三世代経て、僕の仕事が残っていたら、その時はね、もう『白川静』はいないの。それでね、『白川静』って女の人？　という具合にね、男か女か、どこで生まれたんか、いつ死んだんか、なあんにも、その個人については知られてへんというのが一番ええの」。

素敵な言葉です。それでもなお、私たちは「白川学」を知りたくて、「白川静という人」を追いかけます。先生の駿足に追い付くことは出来ないけれど、私たちも走ります。

そしたら先生は、「はよ、おいで」と、手を差し延べて下さいます。「こんなやさしいのはおらんぞ」って言って。

先生の傍らにいつも神がいたように、私たちの傍らにはいつも先生がいます。そう思うと、ほんの少し心やさしくなる。「白川静」という人は、私たちに「生きる」ための〝やさしさ〟を教えて下さいました。

終章　白川静先生を想う——桂東の教え

阪急電車に乗り大阪に向かって桂川を過ぎると、南の方にお住まいであった先生のことが思い出される。桂駅で下車して、東口から歩いて先生を幾たび訪ねたことであろうか。最初の訪問は、大学院の授業を特別に御自宅で行われた修士課程一回生の時で、その思い出は「月刊百科」（平凡社）二〇一〇年十一月号に触れた。ご逝去の年の二〇〇六年三月に金文資料のコピーをお届けに行ったのが桂駅から徒歩での訪問の最後となった。先生はその当時すでに御蔵書の一部分を白川静記念東洋文字文化研究所に寄贈されており、その中の金文研究書の拓影や文学部所蔵の雑誌のコピーを私に依頼された。その日は、それに応じて訪問したのであった。先生は、かつて二玄社から「書道名品叢刊」の『金文集』を出されたが、これを大幅に増補する『続金文集』の御出版を計画されて執筆を進めておられた。お届けに行くと、日本の金文学を進展させねばならないというお気持ちを、力をこめてお話し下さった。

その年の暑い夏が終わって、九月二十八日に白川研究所の用務のため自動車に乗せてもらって御自宅に参上した。用務の一つは、「箸」の字について先生の教示を願いたいとの依頼が研究所宛に寄せられたので、先生に御回答を求めるためであった。「箸」字の説をお聞きした後で、夏の間、少し体調を崩してしばらく入院されたと承って心配した。しかし、十日ほど前に京都市教育委員会で「漢字の体系――漢字教育について――」という講演を二時間近く行われたとうかがったので、すでに回復されたと思った。

十月になって先生が再び入院されたと聞いたが、短期間で退院されるものと疑わなかった。ツル夫人のご入院には何度かお見舞いに行ったが、先生をお見舞いしたことがなく、この年以外にも訪問した際に、「先頃、少し入院しておった」とお話しになることが二、三度あったので、今回もそうだと思い込んでいた。これまでは教え子に心配をかけて見舞いを煩わせまいとの御配慮から、入院を秘せられたのであろう。二十九日の日曜日は、先生の御危篤とも知らず、大阪の友人と信貴山見物をするため阪急電車に乗って桂を通り過ぎた。まったく暢気なことであった。翌日、訃報に接し何とも後悔のしようもなかった。『続金文集』や字義系統から解説する新しい字書の完成に向けて、まだまだ何年もお元気で研究と執筆の日々を続けてゆかれると信じていたので、忽然と道山に帰せられたという衝撃を受けた。

おおよそ三十年に及んで先生の教えを受けたが、追憶の多くは桂駅の東にあるお宅でのことである。博士課程に進んだ年の一九八二年に、同窓会的性質も備えた研究会組織の中国芸文研究会が白川先生を顧問に戴き創設された。発起会を前にし、松本幸男先生・清水凱夫《よしお》先生・中森健二先輩のお伴をして先生の御自宅に挨拶にうかがった。その席での白川先生のお話は思い起こせないが、お宅の手前の農道を歩いた光景と応接間の末席に連なったことが記憶に残っている。この記憶と合わせて思い出される一つが、発起会の後の懇親会で先生が乾杯で一口だけ飲むビールは美味しいと笑っておられた姿である。ただし先生は全くの下戸でいらっしゃったので、杯を重ねられることはなかった。この席で松本先生が、「白川先生の学問はまるでブルドーザーが通った後にぺんぺん草も生えないように研究し尽くされる」と話されたことも鮮明に思い出される。調べ尽くし、深い考察を重ね、後人の追随をゆるさない研究を積み重ねられた先生にはとても及ばないまでも、少しでもそれを目指さなければならないと思った。また「学問のブルドーザー」に身近に接し、力付けられるありがたさ（ある意味では学問の恐しさ）も感じた。

一九八八年五月に橋本循（注21）先生が逝去された。白川先生は、『立命館文学』第五一一号『橋本循先生追悼記念論集』の「蘆北先生遺事《ろほくせんせいいじ》」（『白川静著作集』第十二巻所収）に橋本先生への追憶を記されている。その末尾に御葬儀について述べられた後、「爾後の経紀のことについては、老夫人を佐けて、多くの門下生が奔走した」とのみ記されているが、その中心になられたのは勿論、白川先生であった。その年の夏秋の交、先生のお宅を先に訪れ、清水凱夫先生とお伴して橋本先生の御遺蔵書の整理に行った。大学に所蔵すべき書籍を寄贈頂く準備とするため、書架にある書籍を三人で分担して書名を記録する作業を半日行ったが、白川先生が一番多く筆記なさった。後に橋本先生の奥様から、疎開の引っ越しの際には白川先生が車を引いて手伝われるなど、色々と御世話になったという話をうかがい、白川先生は恩師への深い思いを終始かわらずもたれているのだと感じた。

注21　橋本循（一八九〇～一九八八）　福井県に生まれる。京都大学支那語学支那文学選科終了。著書に『訳注楚辞』『詩経国風』等がある。書画骨董を愛し、給与の大半をその趣味に注いだ。自らも、詩を書き、書・画を描いた。戦後、洛中、西洞院高辻に四十数年住み、九十七歳で逝去。

白川静は西洞院通を通るたびに、「昔はここを市電が走っておってね」と、市電と師の思い出が重なるらしく、懐かしそうに語ってくれた。

翌一九八九年初に年号が平成と改まった。新元号に関する執筆依頼が先生にあって、お手元にない元号関連の書籍を用意して欲しいとの御要請に従い、数冊を桂の御自宅に持参した。その文章が「新元号雑感」として『中央公論』三月号に掲載された。これを拝読し、一般雑誌の依頼原稿にも、文献・資料の渉猟と読み込みを決してゆるがせにされないと感じ入った。そして先生の学問は、やはり実証を重んじておられると再認識したのであった。

この年の九月に私は岡山にある就実女子大学（現、就実大学）に専任講師の職を得た。採用に当たって、ありがたいことに白川先生が推薦状を書いて下さった。先生は書斎に私を招き入れられ、推薦状を渡されるとともに言葉を添えられた。それは『孟子』（「離婁《りろう》」下）の「原泉混混、不舎昼夜（原泉混混として、昼夜を舎《お》かず）」というものであった。豊かな源泉から昼となく夜となく盛んに水が湧き流れるように、豊富な研究の蓄積こそが成果を生むのであるから、努力を怠らないようにせよというお諭しであった。「たくさんの引き出しに一杯詰め込んでおくことやな」と解りやすく付け足された。若くして『皇清経解』を読まれ、約二万片の卜辞をノートやトレース紙に写し取られた先生の御言葉であるから、これ以上の説得力ある教訓は他になかった。

先生のご推薦の御蔭をもって岡山に赴任が決まり、挨拶を申し上げげに拝訪した。先生は、岡山は古く吉備の国として栄え物産も豊かなところで、なかなか恵まれたよい地方であるから、そこに赴任できて幸いであったと祝って下さった。いにしえの吉備の国をもちだされたので、さすがに白川先生は古代に生きておられるなあと変な感心をした。続いて岡山に一度、行ったことがあるとのお話をされた。普段、旅行をされない先生が訪れられたのなら、岡山の好印象は実感としてもっておられると思い安心した。ところが、それは御結婚のみぎりに香川ご出身の奥様の実家を尋ねて経由された時のことであると聞き、「えっ、先生、そんな昔のことですか」とも言えず笑いを抑えた。先生にしてみれば、決して冗談を言われたわけでもなく、まったく偽りのない印象を話されたのであろう。そして、それは、京都をはじめて離れて馴染みのない地方に赴任する私の不安を和らげてやろうという先生の思いやりから出た御言葉であったに違いない。

白川先生は、芸文研の研究会などで、しばしば「私を乗り超えて行くように」と我々を励まされた。三十年近い前に桂の御自宅で「原泉混混」の教訓を戴いたのに、いまだに机の引き出しを一つとして一杯にできずにいる私には、到底そのようなことはなし得ないけれども、それを志すことだけは忘れまいとしている。先生は「蘆北先生遺事」に師と学問の継承について述べられ、「私は先生の門下であるが、その学問の継承者ではない。学問の継承ということは、その学術を味得し、体得し、その上にそれを継承発展させられる力を備えて、はじめてなしうることであるが、そのことは天稟を同じうする人にしてなしうる……。ただ受業《じゅぎょう》の門下として、先生の学術に近づき、それを学ぼうとする努力を怠るべきではない……」と記された。白川先生のこの御言葉に背かず、「先生の学術に近づき、それを学ぼうとする努力」を続けてゆきたい。

（芳村弘道）

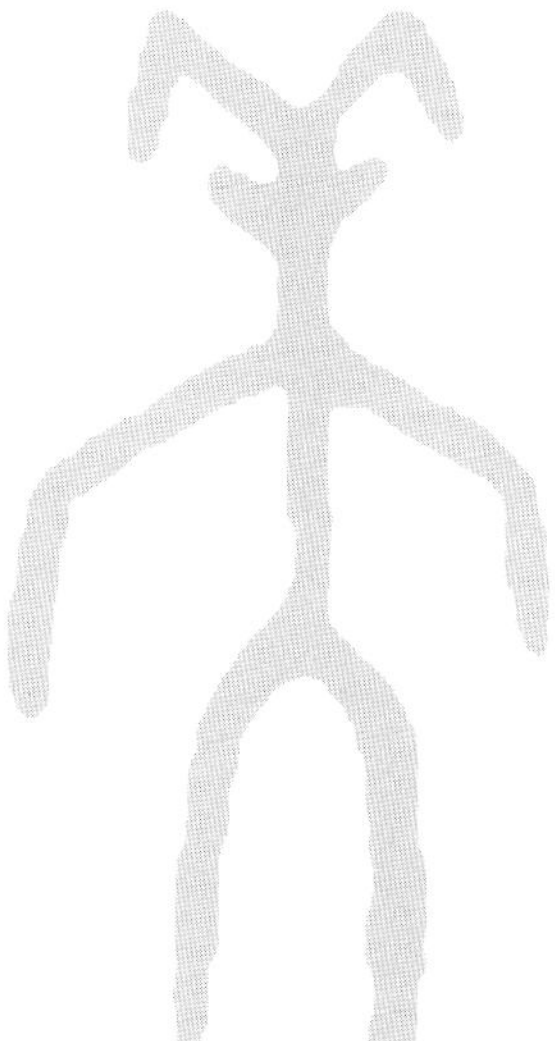

略歴

白川静（しらかわしずか）

明治四十三年（一九一〇）四月九日、福井県福井市に生まれる。大正十二年（一九二三）、尋常小学校卒業後、姉を頼り大阪に出る。翌年から、後に民政党代議士となる広瀬徳蔵の法律事務所に住み込みつつ、成器商業の夜間部に通う。広瀬の蔵書『国訳漢文大成』や漢詩集などを拾い読みする。その後、昭和七年（一九三二）、京都の白畠正雄法律事務所を経て、昭和八年（一九三三）、立命館大学専門部入学。この頃、呉大澂《ごだいちょう》の『字説』に出会う。

昭和十年（一九三五）、立命館大学在籍のまま、立命館中学の教諭に就任。昭和十八年（一九四三）、立命館大学予科教授、専門部教授、文学部助教授を経て、文学部教授となる。助教授時代、処女論文「卜辞の本質」他三篇を発表。昭和三十七年（一九六二）、『詩経研究』のうち『興の研究』で、京都大学より文学博士の学位を取得。

主著に『説文新義』十五巻別巻一（五典書院／昭和四十四年～四十九年）『金文通釈』五六輯（白鶴美術館／昭和三十七年～五十九年）、『漢字』（岩波書店／昭和四十五年）、『詩経』（中央公論社／昭和四十五年）、『金文の世界』（平凡社・東洋文庫／昭和四十六年）、『孔子伝』（中公叢書／昭和四十七年）などがある。

昭和五十九年（一九八四）より刊行された『字統』『字訓』『字通』（いずれも平凡社）のいわゆる「字書三部作」は「白川漢字学」を広く世に知らしめた。これらの研究の成果により、毎日出版文化賞特別賞、菊池寛賞、朝日賞、井上靖文化賞等を受賞。

『白川静著作集』全十二巻、『白川静著作集　別巻』全二十二巻（平凡社）に主要作品が収められる。

平成十年（一九九八）、文化功労者として顕彰。
平成十一年、勲二等瑞宝章受賞。
平成十六年、文化勲章受章。
平成十八年（二〇〇六）十月三十日、没。

津崎　史（つざきふみ）

白川静の長女として、京都市に生まれる。小泉苳三の白楊社が近所にあり、学生時代は編集の仕事にあこがれていたが、卒業後は、大阪府、兵庫県で教職に就く。後、白川静の著作の校正などを手伝う。

最近は『源氏物語』や漢字の世界に親しみ、読書会に参加している。

ハハキギ短歌会に属し、『ハハキギ』同人。歌集に『昆《こ》陽《や》野《の》』『土の笛』『六甲残照』の他、四冊のミニ歌集がある。

西川照子（にしかわてるこ）

神奈川県に生まれる。立命館大学卒業後、一時教職に就くも、大学時代からの同人誌発行を続行すべく、出版社「エディシオン・アルシーヴ」の一員となる。その後、メンバーの退会により、昭和五十五年（一九八〇）、出版・編集集団としての「エディシオン・アルシーヴ」を主宰。多くを梅原猛の専属編集者として過ごす。

編著に『別冊太陽』、『白川静の世界』『陰陽の世界』『カタリの世界』『梅原猛の世界』、著書に『神々の赤い花』『幻の、京都』『金太郎の母を探ねて』等がある。

芳村弘道（よしむらひろみち）

昭和二十九年（一九五四）、京都市に生まれる。昭和五十四年（一九七九）、立命館大学中国文学専攻を卒業。昭和五十七年、立命館大学大学院博士前期課程東洋思想専攻修了。昭和六十年、同博士後期課程東洋文学思想専攻単位取得満期退学。昭和六十一年より、立命館大学文学部非常勤講師。平成元年、就実女子大学講師となり、助教授を経て平成十年教授。平成十二年より、立命館大学文学部教授。平成十九年に『唐代の詩人と文献研究』で博士（文学、立命館大学）の学位を取得。立命館大学白川静記念東洋文字文化研究所副所長、一般財団法人橋本循記念会代表理事。

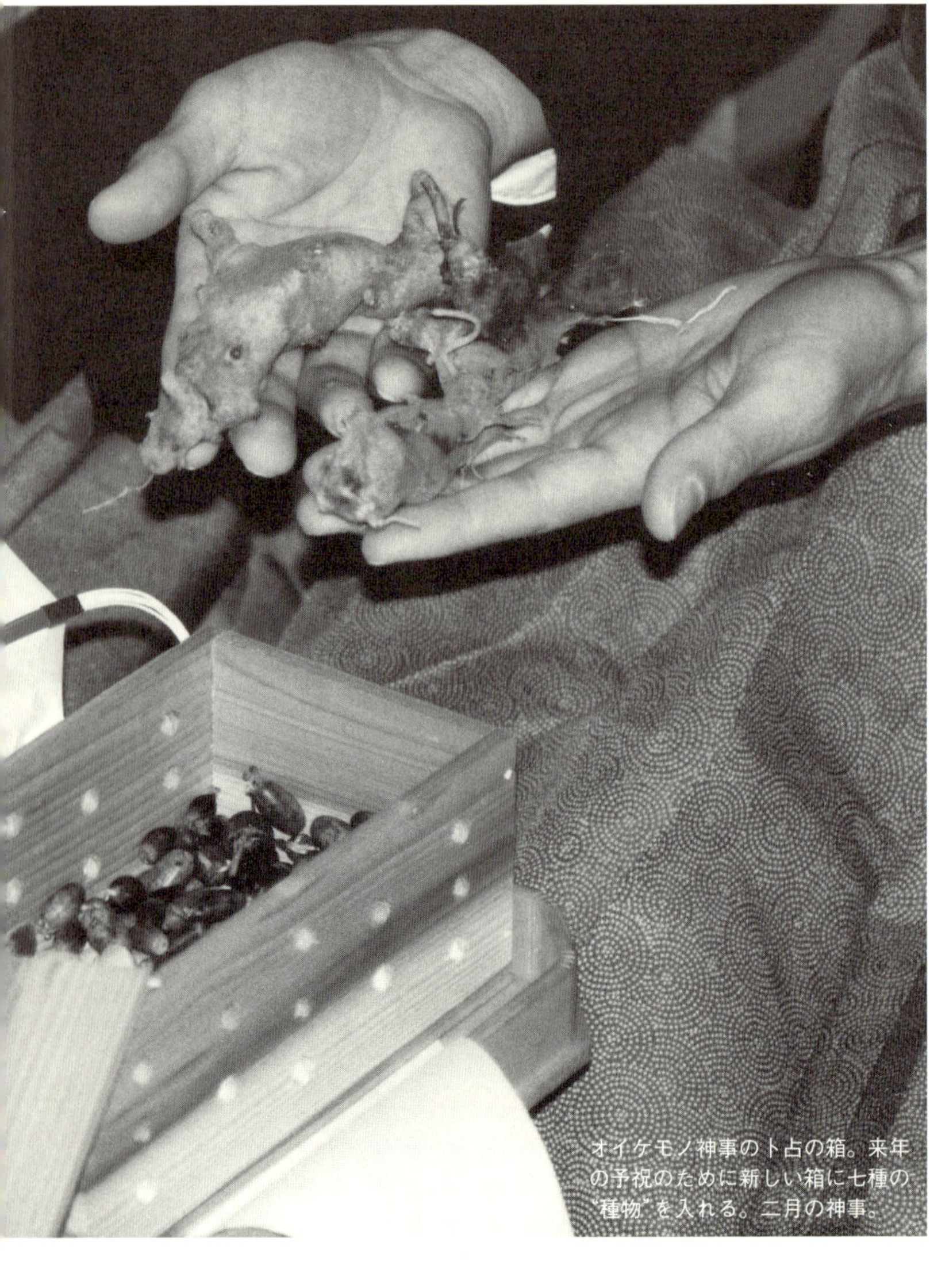
オイケモノ神事の卜占の箱。来年の予祝のために新しい箱に七種の"種物"を入れる。二月の神事。

平井嘉一郎記念図書館　開館記念行事

白川静没後十年企画「白川静先生を語る会」

出席者　津崎　史・西川照子／司会　芳村弘道

時：二〇一六年十月十五日（土）午後一時半から三時。

場：立命館大学衣笠キャンパス　平井嘉一郎記念図書館カンファレンスルーム

＊この本は、右に記した二〇一六年十月十五日に行われた「白川静先生を語る会」の対談を再構成し、大幅に加筆したものである。

「白川静」の写真は、二〇〇一年『別冊太陽』編集のため、下桂・御霊神社で遊んだ折のものである。白川静九十一歳――総て未発表の写真である。

企　画　立命館大学白川静記念東洋文字文化研究所

編　集　エディシオン・アルシーヴ

装幀・本文意匠　木野厚志（ＡＮＤ・Ｋ）

写　真　畠山　崇

進　行　井口京子（立命館大学研究部衣笠リサーチオフィス）

対談
私の白川静

発行日　二〇一七年十月三十日　初版第一刷
編　者　立命館大学白川静記念東洋文字文化研究所
著　者　津崎史・西川照子・芳村弘道
発行所　エディシオン・アルシーヴ
〒六一四−八一一七　京都府八幡市川口西扇二四−九
電話　〇七五−八七四−一三五九
印刷所　冨山房インターナショナル
製本所　新生製本

ISBN 978-4-900395-08-4